Samuel Ikemba

Competências em TIC e Programa de Formação de Professores em Escolas Superiores de Educação

AF300984

Samuel Ikemba

Competências em TIC e Programa de Formação de Professores em Escolas Superiores de Educação

Um estudo de caso da FCT College of Education, Zuba

ScienciaScripts

Imprint

Any brand names and product names mentioned in this book are subject to trademark, brand or patent protection and are trademarks or registered trademarks of their respective holders. The use of brand names, product names, common names, trade names, product descriptions etc. even without a particular marking in this work is in no way to be construed to mean that such names may be regarded as unrestricted in respect of trademark and brand protection legislation and could thus be used by anyone.

Cover image: www.ingimage.com

This book is a translation from the original published under ISBN 978-620-2-07904-4.

Publisher:
Sciencia Scripts
is a trademark of
Dodo Books Indian Ocean Ltd. and OmniScriptum S.R.L publishing group

120 High Road, East Finchley, London, N2 9ED, United Kingdom
Str. Armeneasca 28/1, office 1, Chisinau MD-2012, Republic of Moldova, Europe
Printed at: see last page
ISBN: 978-620-7-94742-3

Resumo

O objetivo deste estudo foi determinar as competências em TIC exigidas nos programas de formação de professores em instituições terciárias nigerianas. O estudo adoptou um modelo de inquérito descritivo. A população do estudo era constituída por 181 professores e estudantes de três departamentos diferentes. Estes incluem 30 professores e 151 estudantes dos departamentos de Informática Educativa, Educação Matemática e Educação Profissional/Técnica da FCT College of Education, Zuba. Cento e vinte (120) alunos foram seleccionados aleatoriamente dos três departamentos (40 por departamento), enquanto os trinta (30) professores foram incluídos na amostra do estudo. Foram administradas cópias do questionário estruturado a um total de 150 inquiridos que constituíram a amostra do estudo. Apenas 120 cópias do questionário foram preenchidas e devolvidas, o que corresponde a uma taxa de retorno de 80,0%. As pontuações médias dos inquiridos foram utilizadas para analisar as questões de investigação, enquanto a hipótese nula foi testada utilizando a estatística do teste t a um nível de significância de 0,05. O estudo revelou que o atual nível de competência em TIC dos professores precisava de ser melhorado e mantido, a fim de melhorar o ensino e a aprendizagem; que os estudantes e os professores precisavam de possuir um elevado nível de competência de navegação na Internet, a fim de serem bem sucedidos nas suas carreiras escolhidas; e que, a fim de armazenar dados e informações de forma eficaz, precisavam de possuir elevados níveis de competências em software de processamento de texto. Foi recomendado que os professores e os alunos se esforçassem por adquirir uma variedade de certificações profissionais de TI, tais como CCNA, CISCO, C++, etc. Além disso, os professores dos estabelecimentos de ensino superior deveriam receber mais conteúdos de formação em TIC para os professores. Por último, o governo deveria prever a formação obrigatória em TIC como parte dos programas de formação de professores nas escolas de formação de professores. Sugeriu-se a realização de um estudo mais aprofundado das percepções dos professores sobre o impacto da formação em TI na profissão docente.

Índice

CAPÍTULO UM

INTRODUÇÃO

1.1 Antecedentes do estudo

O mundo atual, em rápida mutação, caracteriza-se cada vez mais pela comunicação baseada na tecnologia, que transformou o mundo numa vasta comunidade global ligada, com um alcance cada vez maior das tecnologias da informação e da comunicação (TIC). As TIC referem-se a todas as tecnologias aplicadas ao processo de recolha, armazenamento, edição, recuperação e transferência de informação sob várias formas (Olakulehin, 2007). O Ministério Federal da Educação da Nigéria (2010) define as TIC como englobando todos os equipamentos e ferramentas (incluindo as tecnologias tradicionais de rádio, vídeo e televisão, bem como as tecnologias mais recentes de computadores, hardware, firmware, etc.), bem como os métodos, práticas, processos, procedimentos, conceitos e princípios envolvidos na condução de actividades de informação e comunicação. A importância da tecnologia na vida das pessoas é inimaginável e prevê-se que o domínio da tecnologia se torne em breve um requisito funcional para a vida profissional, social e mesmo pessoal das pessoas. Por razões sociais e económicas, os estudantes necessitarão de competências em tecnologias da informação e da comunicação para viverem com sucesso numa sociedade baseada no conhecimento.

A educação é o primeiro e o melhor domínio-chave para as aplicações das TIC. As TIC são frequentemente vistas como um catalisador da mudança, alterando os estilos de ensino, as abordagens de aprendizagem e o acesso à informação (Watson,

2005). As TIC podem ajudar a proporcionar oportunidades educativas alternativas (Casal, 2007). A utilização de diferentes tecnologias da informação e da comunicação tornou-se inevitável para os estudantes como parte do processo de aprendizagem. Ao utilizar as modernas tecnologias da informação e da comunicação, os estudantes podem encontrar a informação de que necessitam num curto espaço de tempo. Podem aceder e divulgar informação eletrónica, como livros e revistas electrónicos, e melhorar a sua aprendizagem utilizando várias TIC modernas sob a forma de redes sem fios, Internet, motores de busca, bases de dados, sítios Web e tecnologias Web. Os professores são um elo essencial na cadeia educativa e, para que a educação seja verdadeiramente relevante para as necessidades do século XXI, devem desempenhar um papel central na exploração da tecnologia e, em particular, na utilização das tecnologias da informação e da comunicação (TIC), novas e antigas, no ensino e na aprendizagem. Que tipo de competências terão os professores de adquirir para serem eficazes num ambiente de aprendizagem baseado nas TIC? Este estudo abordará esta questão, destacando as experiências de professores e alunos que utilizam as TIC na Nigéria e fornecendo outros exemplos de aplicações de ensino e aprendizagem das TIC noutros países em desenvolvimento e desenvolvidos.

Verificou-se que o conhecimento da forma de utilizar as TIC melhora as capacidades humanas em todos os domínios da atividade humana, incluindo as transacções comerciais, as operações industriais, os programas educativos e a vida em geral. No domínio da educação, Radloff (2001) salienta as possibilidades oferecidas pelas TIC para melhorar a qualidade do ensino e da aprendizagem: incentivar os professores a refletir sobre a forma como ensinam e aprendem; aplicar a teoria e a investigação sobre a aprendizagem e os princípios de uma boa instrução à conceção de ambientes de aprendizagem em linha; tornar o ensino e a aprendizagem mais visíveis e públicos; incentivar a colaboração e o trabalho de equipa entre professores (e alunos); proporcionar um maior acesso à aprendizagem a um maior número de pessoas.

No entanto, até que ponto estão os professores da Nigéria preparados para ministrar um ensino do século XXI? O desafio que a Nigéria enfrenta atualmente não é apenas a falta de professores com conhecimentos de TIC, mas também a necessidade de passar da aprendizagem da utilização das TIC para a utilização das TIC para aprender.

Os governos dos países desenvolvidos atribuíram a máxima prioridade à necessidade de formar os professores na utilização das aplicações TIC. Por exemplo, todos os professores do Reino Unido foram obrigados a receber formação sobre a utilização das TIC até 2002. Os professores receberam também apoio para a aquisição de computadores pessoais. Como resultado destas iniciativas, espera-se que muitos mais professores sejam encorajados a explorar as possibilidades das TIC e a aumentar a sua confiança na utilização de computadores (Department for Education and Employment (DfEE), (2000). A utilização das TIC na formação de professores tem sido amplamente estudada e documentada, particularmente a influência positiva das TIC na formação de professores e a utilização das TIC como ferramenta pedagógica. Na Nigéria, foram efectuados muito poucos estudos sobre a utilização das TIC na educação (Jegede, 2009; Ololube, 2007).

Antigamente, para ensinar no ensino primário, era necessário possuir um Certificado de Professor de Grau II (TCII), obtido após quatro anos de ensino secundário numa escola de formação de professores de Grau II. Estes certificados foram gradualmente eliminados a partir de 1998, quando o Nigerian Certificate of Education (NCE) se tornou o certificado exigido para todos os professores do ensino primário e secundário inferior. Em 1996, dos cerca de 420.000 professores do ensino primário no país, cerca de 80% tinham ou o NCE ou o TCII (com igual número de ambos).

O governo criou o National Teachers' Institute (NTI) em 1978 para gerir programas de atualização das qualificações dos professores para o nível NCE, a maior parte dos quais eram ministrados através de ensino à distância. Entre 1993 e 1996, o NTI concedeu 34.486 qualificações no âmbito dos seus programas de ensino à distância. Em 2000, formou 20.000 professores. O governo aprovou um programa de Bacharelato em Educação com o NTI no final de 2000. O NTI também organiza workshops e conferências sobre o desenvolvimento de currículos e outras áreas de formação de professores.

Os programas de licenciatura em educação são oferecidos por universidades de renome, como a Universidade Ahmadu Bello em Zaria, a Universidade de Ibadan em Ibadan e a Universidade da Nigéria em Nsukka. Das 63 instituições terciárias que oferecem o programa NCE de três anos, cerca de um terço é propriedade do governo federal e metade dos governos estatais. As restantes são instituições privadas. Todas estão sob a supervisão da Comissão Nacional para os Colégios de Educação (NCCE), que estabelece e mantém normas e aprova cursos e programas para todos os Colégios de Educação na Nigéria (http://education.stateuniversity.com).

Em 1996, o Ministro da FCT criou uma comissão composta por membros do Ministério da Educação e da FCDA para estudar a criação de uma escola superior de educação. A recomendação apresentada pelo comité levou à criação da Escola Superior de Educação da FCT, temporariamente instalada na antiga Escola de Formação de Professores de Zuba. A escola foi criada para proporcionar uma formação de qualidade aos professores, a fim de responder aos actuais desafios do sistema educativo nigeriano, em especial no que se refere à formação de professores de ciências e de línguas nigerianas para o ensino nas escolas primárias.

Um diretor-adjunto do departamento de educação da FCDA foi nomeado primeiro reitor da escola. O diretor da extinta escola de formação de professores, Alhaji A.G. Zakari, foi igualmente nomeado diretor da escola, tendo sido recrutado outro pessoal administrativo e académico das escolas secundárias da FCT para formar o primeiro corpo docente e administrativo da escola. Um total de 120 alunos foram admitidos nos programas para a sessão de 98/99. No entanto, a escola foi encerrada em maio de 2000, devido à necessidade de reorganização e reestruturação para garantir a eficiência da administração académica. Consequentemente, em abril de 2001, foi reaberta com mais pessoal superior e foram criados recursos materiais. Um diretor-adjunto do departamento de educação do MFCT, responsável pelas escolas e pelo ensino superior, foi nomeado reitor do colégio e Alhaji Kabiru Isa, outro diretor-adjunto, foi nomeado secretário. Atualmente, o colégio tem 39 departamentos em cinco (5) escolas diferentes, nomeadamente a Escola de Artes e Ciências Sociais, a Escola de Educação, a Escola de Línguas, a Escola de Ciências e a Escola de Ensino Profissional/Técnico.

O ensino das tecnologias da informação e da comunicação (TIC) deve ser um pré-requisito para que os professores das instituições de ensino superior possam transmitir aos seus actuais e futuros alunos conhecimentos e competências valiosos no domínio da informática, dos dispositivos de comunicação e do software que os utiliza.

1.2 Declaração do problema

A literacia em TIC entre estudantes e professores nas instituições terciárias nigerianas é vista como um pré-requisito para a adoção e integração das TIC nos programas de formação de professores. Observou-se que, nas instituições terciárias nigerianas, a utilização das TIC, especialmente entre os professores, é ainda muito reduzida, uma vez que a maioria dos estudantes tem mais literacia tecnológica do que os seus professores. Esta situação afecta as competências em TIC dos diplomados dos CNT e a eficácia global da sala de aula no mundo em constante mudança da tecnologia digital. O Colégio Federal de Educação, Zuba, uma das principais instituições terciárias que oferecem programas de Certificado Nacional de Educação (CNE) na Nigéria, não é exceção ao lidar com este problema, pois o que se aplica a outras instituições terciárias no país também se aplica ao COE, Zuba, FCT. Por conseguinte, não é surpreendente que o programa NCE no COE, Zuba, seja afetado por este síndroma de baixas competências em TIC entre os seus estudantes. Este facto motivou a decisão do investigador de determinar se esta situação poderia ser atribuída à incompetência dos professores em matéria de TIC ou à incapacidade dos alunos para compreenderem a matéria.

Consequentemente, é necessário reforçar as capacidades para melhorar e atualizar a qualidade do corpo docente existente e garantir que os programas de CNE integrem conteúdos, pedagogia e tecnologia para melhorar as competências dos professores e dos estudantes.

1.3   Objetivo do estudo

O principal objetivo deste estudo é examinar as competências em TIC exigidas nos programas de formação de professores em instituições de ensino superior. Mais especificamente, o estudo visa :

1. Determinar o nível de competência dos professores do CMI na utilização das TIC

2. Descubra quais as competências informáticas que os estudantes das escolas de gestão nacionais necessitam para o seu programa.

3. Determinar se os professores precisam de adquirir competências de gestão de bases de dados como parte dos programas de ensino superior.

4. Determinar se os professores necessitam de um conhecimento básico de software de processamento de texto para o programa NCE.

5. Estudar as competências de navegação na Internet dos alunos e professores da Escola Normal Superior.

1.4   Importância do estudo

Este estudo será de grande importância para os estudantes e professores dos estabelecimentos de ensino superior e das universidades, nomeadamente para os estudantes e professores de informática, engenharia informática, matemática/estatística e outras disciplinas afins. Será igualmente útil para os organismos e autoridades competentes, tais como o Ministério da Educação, a Comissão Nacional para as Instituições de Ensino Superior, a Comissão Nacional para as Universidades, a Comissão de Registo dos Professores, etc. Para os estudantes, ajudá-los-á a adquirir as competências necessárias para competir no mercado de trabalho após a conclusão do curso. Ajudá-los-á também a realizar investigação independente no âmbito dos seus programas de estudo. O estudo reforçará a investigação sobre questões conexas entre professores/estudantes, facilitará o reforço das capacidades para melhorar e atualizar a qualidade do corpo docente existente e assegurará que o programa das CNE integre a pedagogia e a tecnologia para otimizar a eficácia e a eficiência do programa na Nigéria.

1.5   Questões de investigação

As seguintes questões de investigação foram formuladas para orientar o estudo:

1. Qual é o nível de competência em matéria de TIC exigido aos professores do CMI?

2. De que competências informáticas necessitam os estudantes das escolas nacionais de engenharia?

3. De que competências de gestão de bases de dados necessitam os professores do

CMI?

4. Que software de processamento de texto é que os professores devem conhecer?

5. Qual é o nível de competência em navegação na Internet exigido aos estudantes e professores das escolas de gestão nacionais?

1.6   Hipótese de investigação

A seguinte hipótese nula foi formulada para orientar o estudo:

1. Não existe uma diferença significativa entre as opiniões dos estudantes do ensino superior e as dos seus professores sobre as competências em TIC exigidas nos programas de formação de professores nas escolas superiores de educação.

1.7   Âmbito/limites do estudo

Este trabalho de investigação limita-se à Escola Superior de Educação da FCT, Zuba, com especial incidência no estudo das competências em TIC exigidas no programa de formação de professores nas escolas superiores de educação. Abrangerá as seguintes variáveis, nomeadamente

a. Nível de competências em TIC

b. Conhecimentos informáticos

c. Competências de gestão de bases de dados

d. Software de processamento de texto

e. Competências de navegação na Internet

1.8   Limites do estudo

É de notar que o estudo aqui apresentado tem várias limitações. A dimensão da amostra de cento e vinte (120) estudantes e trinta (30) professores de três departamentos da Escola Superior de Educação da FCT, Zuba, dificultará a generalização. O investigador, por seu lado, viu-se confrontado com dificuldades de gestão do tempo. A epilepsia da rede eléctrica e os constrangimentos financeiros são outros desafios importantes com que o investigador se deparou na realização desta investigação.

CAPÍTULO DOIS

ANÁLISE DA DOCUMENTAÇÃO CONEXA

A revisão da literatura está organizada de acordo com os seguintes subtítulos quadro concetual, papel das TIC no ensino e na aprendizagem, utilização das TIC no ensino superior, aptidões e competências em matéria de TIC, género e competências em matéria de TIC, formação em informática e competências em matéria de TIC, formação de professores em matéria de TIC no ensino, ensino à distância baseado nas TIC, utilização das TIC no ensino pelos professores, tecnologias móveis no ensino e na aprendizagem, Internet e tratamento da informação, TIC e cibercrime, análise de estudos empíricos relacionados, resumo da análise da literatura relacionada.

2.1 Quadro concetual

Os conceitos de capacidade/competência foram explicados por muitos autores. Maxine (1997) definiu a aptidão como uma competência atual observável para realizar um comportamento aprendido relativo à relação entre a atividade mental e os movimentos corporais. Hornby (1992) definiu a competência como a destreza em fazer coisas, no desempenho ou na aplicação para fins práticos, o engenho, a sabedoria e o conhecimento no desempenho de uma função. Osuala (1998) descreveu a aptidão como uma atividade que exige movimentos físicos controlados sob a direção da mente, que recebe o seu estímulo através de estímulos sensoriais. Consequentemente, as competências são atitudes e comportamentos adquiridos após a exposição a teorias e práticas numa área de estudo. A competência é a capacidade de fazer algo com um certo grau de domínio, resultante de determinados padrões comportamentais de fluência, rapidez e precisão.

13

Okorie e Ezeji (1988) explicaram que a posse de uma competência consiste em demonstrar o hábito de agir, pensar ou comportar-se numa atividade específica que se tornou tão natural para o indivíduo através da repetição ou da prática que se tornou automática. A ideia central subjacente a estas definições é que a competência pode ser vista como uma capacidade, que é o resultado da aprendizagem e da prática até à perfeição, e que pode ser aplicada posteriormente pelo aprendente. O resultado é a precisão na execução de uma tarefa graças à aprendizagem organizada e à prática repetitiva. A aquisição de competências expõe o aprendente a competências específicas ou a actividades relevantes que incorporam a competência.

Okorie (2000) afirmou que as competências são adquiridas quando as instruções de procedimento estão associadas a actividades de desempenho. A repetição é a palavra de ordem. Para que as competências sejam adquiridas e desenvolvidas, é necessário ter a oportunidade de participar e praticar essas competências em condições reais. Para adquirir e desenvolver competências, Okorie e Ezeji (1988) também afirmam que estão envolvidos três factores, nomeadamente a imitação, a repetição e a participação. Do mesmo modo, Huston, citado por Mgbeahurike (2000), enumerou entre outros processos de aquisição de competências (a) a observação - os alunos observam a operação da competência efectuada pelo professor na vida real para lhes permitir formar o conceito. A observação é inestimável para o desenvolvimento de competências; (b) imitação - os alunos seguem o exemplo do que o professor fez através da demonstração e aprendem fazendo; (c) manipulação - isto significa operar, manipular, por exemplo, o ato de apertar e desapertar porcas e parafusos. Estas são práticas de demonstração; (d) Execução - realizar as actividades ensinadas e ser orientado sobre o que fazer; (e) Aperfeiçoamento - esta é a forma mais elevada do processo de aquisição de competências. Depois de muita prática, os alunos familiarizam-se com os requisitos e as tarefas da operação. Tornam-se especialistas e comercializáveis.

Olaitan (1996) considera que a educação não está completa enquanto os estudantes não tiverem utilizado as aptidões e competências ensinadas. Okorie (2000) afirma que, se a educação é uma preparação para a vida, e se a vida e as oportunidades de expressão e realização pessoais incluem o trabalho e as competências possuídas, então só aqueles que podem ser empregados com sucesso são educados e qualificados com sucesso.

Uma aptidão ou competência é uma resposta aprendida sob a forma de acções, palavras ou actos a objectos, situações e problemas; uma vez adquiridas, as aptidões são relativamente permanentes e as pessoas tornam-se eficazes na sua execução na vida quotidiana. De acordo com Robinson (2000), as aptidões necessárias aos diplomados (incluindo os diplomados das CNE) dividem-se em duas categorias: aptidões técnicas/específicas do trabalho e aptidões transversais/empregabilidade. As competências técnicas são as competências específicas necessárias para desempenhar um determinado trabalho, enquanto as competências de empregabilidade descrevem as aptidões e competências não técnicas que desempenham um papel importante na participação efectiva e bem sucedida no local de trabalho.

Capacidade de resolução de problemas

No seu estudo, Coplin (2003) descobriu que os empregadores querem que os seus empregados sejam solucionadores de problemas e que os indivíduos são continuamente desafiados a resolver problemas no local de trabalho. De acordo com Sproull (2001), a competência para resolver problemas é uma capacidade que pode ser aprendida e alcançada quando utilizada. Sproull argumenta que alguns licenciados não possuem as competências necessárias para a resolução de problemas.

Isto pode dever-se ao facto de nunca terem sido bons solucionadores de problemas, de se sentirem ameaçados quando lhes é pedido que resolvam problemas ou de os cursos que frequentaram nos respectivos estabelecimentos de ensino superior nunca terem incentivado este método de aprendizagem.

Muitos investigadores concordam que a resolução de problemas é uma competência valiosa. Coplin (2003) afirma que os solucionadores de problemas se esforçam por melhorar continuamente as situações em que se encontram, enquanto Rampersad (2001) afirma que o processo de resolução de problemas deve ser uma parte importante do trabalho de todos. Coplin também sugeriu que uma boa capacidade de resolução de problemas exige um bom carácter, boas capacidades de comunicação, excelentes capacidades interpessoais e boas capacidades de investigação e análise. Além disso, um solucionador de problemas precisa de correr riscos e de ver o panorama geral. Na sua tentativa de compreender o fenómeno da resolução de problemas e das competências analíticas, Espinoza (1999) desenvolveu seis actividades relacionadas com a resolução de problemas e as competências analíticas. Estas seis actividades são: completar uma tarefa apenas com instruções vagas; rever um procedimento; resolver um problema por si próprio; extrair ideias importantes de palavras, diagramas, gráficos ou tabelas; aplicar aspectos da formação para resolver problemas ou responder a perguntas; e sintetizar instruções previamente dadas para extrapolar a solução para um novo problema.

Coplin (2003) afirmou que os problemas típicos a resolver no local de trabalho são: como reduzir os custos, como aumentar as vendas, o número de membros ou de clientes, como reter os trabalhadores, como melhorar a imagem pública da organização, como promover a honestidade e como aumentar a cooperação entre os trabalhadores.

Competências de comunicação

Covey (1989), no seu livro *Os 7 Hábitos das Pessoas Altamente Eficazes,* citado por Robinson (2006), define a comunicação como a competência mais importante na vida. Cohen e Cohen (1984) referem que, para que uma organização seja bem sucedida no seu todo, a comunicação deve estar presente e, por conseguinte, os empregadores reconhecem a importância de contratar trabalhadores com fortes competências de comunicação. A comunicação eficaz é o lubrificante que mantém as organizações a funcionar sem problemas e de forma produtiva. Coplin (2003) afirma que, para que um empregado seja eficaz, deve ter fortes competências de comunicação verbal, uma vez que os empregadores querem que os seus empregados sejam bons comunicadores. Coplin (2003) afirma que a redação de um memorando é a forma mais comum de comunicação escrita no sector e que, com demasiada frequência, a tomada de notas é considerada um dado adquirido. De acordo com Coplin (2003), a redação eficaz de memorandos requer boas capacidades de tomada de notas e de dactilografia, e os empregadores precisam que os seus empregados sejam capazes de colocar os seus pensamentos no papel de forma clara e legível. Além disso, Coplin (2003) defende que as competências de edição e de revisão são também necessárias para se ser considerado um bom comunicador escrito. Especificamente, as competências de edição referem-se à revisão do primeiro projeto, ou seja, à organização do conteúdo entre parágrafos e dentro de cada parágrafo, à escolha das palavras certas e à garantia de que o texto é compreensível e interessante. A revisão, por outro lado, consiste em verificar se existem erros ortográficos, omissões e erros gramaticais.

Rampersad (2001) afirma que a leitura e a escrita não são as únicas ferramentas de comunicação essenciais; é através da audição e da comunicação oral que mais frequentemente interagimos com os outros. O autor salienta que existem muitas formas de comunicação. A comunicação verbal consiste na utilização de palavras para formular um pensamento. As variações de som referem-se ao volume, ênfase, clareza e velocidade do discurso no processo de comunicação. Rampersad (2001) enumerou as atitudes, os movimentos da cabeça, o contacto visual, as expressões faciais, os movimentos, o vestuário, o acenar com a cabeça, os sinais com as mãos, o corar por timidez, o empalidecer por medo, o coçar, o brincar com objectos durante longas histórias, como competências não verbais utilizadas para facilitar a comunicação.

A investigação demonstrou que ambas as formas de comunicação foram identificadas como prioritárias na gestão escolar. Coplin (2003) afirmou que o objetivo da comunicação escrita é o mesmo que o da comunicação oral: promover a compreensão mútua entre duas ou mais pessoas. Segundo ele, para ter boas competências de escrita, uma pessoa tem de ser capaz de: comunicar (oralmente) ideias de forma clara, concisa, exacta e lógica; escrever resumos introdutórios e declarações finais; ilustrar ideias - incluindo a criação de tabelas, quadros e gráficos.

Ao nível mais fundamental, a comunicação requer um emissor e um recetor

(Rampersad, 2001), e ocorre quer em conversas individuais quer em contextos de grupo (Coplin, 2003), e sem ambos não pode haver comunicação. Por conseguinte, os indivíduos precisam de ser bons apresentadores de informação e bons ouvintes.

Espinoza (1999) desenvolveu sete actividades para melhorar as competências de comunicação. As sete actividades relacionadas com as competências de comunicação são as seguintes

- Falar com alguém sobre um problema relacionado com o trabalho

- Redigir correspondência oficial ou memorandos internos

- Redigir instruções para empregados ou utilizadores

- Comunicar verbalmente uma preocupação ou ideia a um chefe ou colega

- Documentar um procedimento ou incidente por escrito

- Chegar a um acordo com um colega, e

- Convencer outra pessoa

Cohen e Cohen (1984) afirmam que, para haver uma comunicação efectiva, tem de haver uma escuta efectiva. Rampersad (2001) alertou para a diferença entre ouvir e escutar. Quando uma pessoa ouve, as palavras são ativamente registadas e processadas no cérebro e depois utilizadas. Em contrapartida, quando uma pessoa ouve, as palavras são armazenadas no cérebro e nada é feito com elas. Ouvir pode, portanto, ser visto como ouvir, recordar e utilizar as palavras.

Covey (1989) afirmou que a escuta ocorre em diferentes níveis. Descreveu estes níveis como: ignorar o orador, fingir que ouve o orador, usar a escuta selectiva, usar a escuta atenta e usar a escuta enfática. Covey desafiou os seus leitores a serem ouvintes enfáticos. De acordo com Covey (1989), a escuta enfática consiste em ouvir com a intenção de compreender. Ouvir bem implica ouvir toda a mensagem apresentada pelo emissor e permitir que o emissor saiba que o ouvinte está a prestar atenção à mensagem. Rampersad (2001) afirma que os bons ouvintes tentam compreender o que os outros estão a dizer e utilizam frequentemente uma linguagem corporal eficaz (acenar com a cabeça, contacto visual) para expressar essa tentativa.

Competências tecnológicas

De acordo com Rampersad (2001), as competências tecnológicas são as competências mais importantes exigidas no local de trabalho moderno e envolvem a compreensão, a utilização e a aplicação de uma variedade de tecnologias no local de trabalho. Estas tecnologias vão desde a tecnologia da informação à robótica, passando pelos sistemas de produção informatizados, equipamentos e maquinaria. Por conseguinte, os professores devem ser capazes de trabalhar num ambiente tecnológico. No entanto, na sua opinião, a maior parte destas competências diz respeito às tecnologias da informação e da comunicação. Os professores necessitam de competências informáticas sólidas, não só para ensinar os alunos, mas também para participar numa série de processos relacionados com o trabalho. Por conseguinte, os professores precisam de estar familiarizados com o software e os procedimentos tecnológicos que se estão a tornar cada vez mais a norma na maioria das salas de aula modernas.

Segundo Rampersad (2001), existem quatro domínios em que as competências tecnológicas devem ser aplicadas no local de trabalho, em função do contexto e da experiência dos trabalhadores. Estes domínios são

i. Encaminhar o trabalho - utilizando programas como o Ms Word, Excel, PowerPoint e Lotus, que fazem parte dos processos de comunicação quotidianos.

ii. Trabalho técnico especializado - utilização de software para planear e subsequentemente gerir prazos e custos de projectos e para conceber produtos e serviços.

iii. Conceção ou adaptação - utilização dos princípios e teorias da eletrónica e da informática para conceber ou adaptar software com vista a fornecer uma solução técnica para um problema atual.

iv. Pesquisa de informação - utilização da Internet e de intranets para identificar estratégias bem sucedidas utilizadas por filiais no estrangeiro.

Os professores devem ser capazes de compreender, utilizar e operar outros equipamentos e máquinas no local de trabalho, tais como telefones, faxes, fotocopiadoras, scanners, impressoras, etc. Do mesmo modo, a necessidade de os professores possuírem a capacidade física/coordenação e destreza para aplicar as novas tecnologias, ou seja, aptidão física e destreza manual, é considerada de importância primordial. Rampersad (2001) explica ainda que, na sala de aula, as competências tecnológicas são aplicadas quando os professores estão :

• Utilizar as tecnologias da informação para facilitar a comunicação com os alunos.

• Utilizar máquinas e tecnologias para ajudar a realizar tarefas de rotina, pesadas ou complexas.

• Resolução de problemas de máquinas e tecnologias.

• Aplicar os conhecimentos em matéria de saúde e segurança no trabalho (SST) à utilização correcta da tecnologia, quer se trate de tecnologias da informação ou de máquinas.

Gestão do tempo

Robinson (2006) revelou que, para gerir bem o tempo, é necessário ser um bom planeador e organizador. Coplin (2003) afirmou que a gestão do tempo implica ser capaz de gerir várias tarefas ao longo de um período de dois a três anos, bem como não perder actividades muito rotineiras, como a apresentação de relatórios semanais.

Cohen e Cohen (1984) explicaram que existe uma relação entre a gestão do tempo e a produtividade no trabalho e que ter boas competências de gestão do tempo sugere estar concentrado, ser organizado, estruturado e eficiente. Coplin (2003) sugeriu que, para que os gestores sejam tão competentes quanto possível no local de trabalho, os empregadores devem adquirir o hábito de listar o que tem de ser feito, estimar o tempo que vai demorar e determinar a ordem pela qual vai ser feito. Covey (1989) sugeriu que, ao desenvolverem as suas competências de gestão do tempo, os gestores e os indivíduos devem organizar e executar as tarefas de acordo com as prioridades.

Para ajudar as pessoas a definir corretamente as suas prioridades, Covey (1989) desenvolveu uma matriz de gestão do tempo composta por quatro quadrantes. O quadrante I, de acordo com Covey, é relegado para as coisas urgentes e importantes e é onde a maioria das pessoas passa a maior parte do seu tempo. No entanto, Covey adverte que este quadrante pode tornar-se um fardo para as pessoas porque, mais cedo ou mais tarde, tudo é urgente e importante, e sugere que as pessoas sejam proactivas, concentrando-se nos elementos do quadrante II. Covey (1989) também revelou que o Quadrante II é o núcleo de uma gestão pessoal eficaz, lidando com coisas que não são urgentes mas são importantes, e que, ao concentrarem-se no Quadrante II, os indivíduos gerem o seu tempo em vez de deixarem que o seu tempo os controle. Covey também sugeriu que as pessoas que lidam com os quadrantes III (urgente, não importante) e IV (não urgente, não importante) tendem a ser as mais irresponsáveis por natureza.

Atributos pessoais

De acordo com a Commonwealth of Australia (2002), os atributos pessoais são termos utilizados para descrever um conjunto de comportamentos e atributos não baseados em competências que os empregadores consideram tão importantes como as competências de empregabilidade e outras competências técnicas ou específicas do posto de trabalho. Explicam ainda que os empregadores precisam que os seus empregados demonstrem atributos que sejam aceitáveis para o resto do seu grupo de pares e para o cliente, e consistentes com a abordagem da empresa. Os atributos pessoais foram também entendidos como funcionando a um nível mais geral, aplicando-se não só ao local de trabalho mas à vida em geral. Os alunos com boas competências pessoais são autoconfiantes e lidam com os outros de forma honesta e aberta, demonstrando respeito por si próprios, pelos seus colegas e pelos seus professores, independentemente da diversidade e das diferenças individuais dos outros (Robinson, 2000).

A Commonwealth of Australia (2000) identificou alguns dos seguintes atributos pessoais como comportamentos essenciais exigidos aos trabalhadores de hoje: lealdade, empenho, honestidade e integridade, entusiasmo, fiabilidade, autoestima positiva, motivação e adaptabilidade. Robinson (2000) enumerou igualmente uma série de qualidades pessoais exigidas aos trabalhadores licenciados. Estas incluem a responsabilidade, a autoconfiança, o autocontrolo, as competências sociais, a honestidade, a integridade, a adaptabilidade e a flexibilidade, o espírito de equipa, a pontualidade e a eficiência, uma boa atitude em relação ao trabalho e a autogestão.

2.2 O papel das TIC no ensino e na aprendizagem

As Tecnologias da Informação e da Comunicação (TIC) referem-se à aplicação eclética das tecnologias de computação, comunicação, telecomunicações e satélite (Yusuf, 2005). Muitos países em todo o mundo (incluindo a Nigéria) reconhecem a importância das TIC. Estão a formar professores para utilizarem a tecnologia como uma ferramenta para melhorar o ensino e a aprendizagem. Ajoku (2000) salientou que a utilização das TIC melhora as capacidades e atitudes de resolução de problemas, bem como o desenvolvimento do conhecimento e das capacidades de manipulação. Jung (2005) também salientou que os professores podem ser formados para aprender a utilizar as TIC e que os professores podem ser formados através das TIC. A importância das TIC, segundo a lista do Instituto de Professores da Nigéria (NTI, 2004), é a seguinte

i. Pode ser utilizado para apoiar o trabalho convencional na sala de aula.

ii. Conceção e desenvolvimento de materiais didácticos.

iii. Os alunos podem trocar documentos electrónicos, como revistas, livros, etc.

iv. Algumas bibliotecas armazenam versões electrónicas de livros e revistas, permitindo aos professores de TIC aceder, armazenar e analisar informação em formato eletrónico.

v. As TIC são úteis para as actividades de investigação.

vi. As TIC podem ser úteis na administração, no registo dos dados dos alunos, na administração pessoal, nas compras/fornecimentos e na publicidade.

vii. Permite uma aprendizagem individualizada e autónoma.

viii.   As TIC tornam a aprendizagem mais viva e atractiva.

ix.   As TIC destruíram o ensino centrado no professor

x.   Também proporciona um canal de comunicação bidirecional que permite aos professores e alunos trocarem informações com os seus pares e obterem feedback.

Tendo em conta os benefícios consideráveis das TIC no sistema educativo, o ensino será simplificado e as experiências de aprendizagem serão mais eficazes através da utilização das TIC.

Alguns desenvolvimentos no sector da educação nigeriano indicam um certo nível de aplicação em alguns estabelecimentos de ensino. O Governo Federal da Nigéria reconhece o papel proeminente das TIC no mundo moderno e integrou-as no ensino na Nigéria (FRN, 2004). Pretende fornecer as infra-estruturas e a formação necessárias para atingir este objetivo. O Ministério Federal da Educação lançou um projeto centrado nas TIC, denominado SchoolNet (www.snng.org), para equipar todas as escolas da Nigéria com computadores e tecnologias da comunicação. Embora tenham sido feitos esforços para garantir a disponibilidade e a utilização das TIC nas instituições terciárias nigerianas, o nível de adoção continua a ser lento.

2.3   Utilização das TIC no ensino superior

Atualmente, existe um grande número de experiências com tecnologia educativa no ensino superior em todo o mundo, sobretudo nos países desenvolvidos. Este desenvolvimento abriu novas perspectivas na integração de recursos didácticos e tecnológicos, aumentando a flexibilidade do processo de aprendizagem. Melhorou também a comunicação entre professores e alunos e a interação entre diferentes recursos educativos. Oliver (2002) defende que a utilização das TIC no ensino superior reforça a aprendizagem centrada no aluno.

No ensino superior, um dos principais desafios pedagógicos tem sido sempre o de ajudar os estudantes a colmatar o fosso entre o conhecimento e a prática da vida real. Isto é particularmente importante em disciplinas académicas aplicadas como a educação, onde o conhecimento profissional é constantemente renovado e recriado pela prática da vida real (Cheetham & Chivers, 2001). A Política Nacional sobre TIC na Educação e o Quadro lançado em 2010 apresenta uma visão holística e ampla para a integração das TIC no sector da educação na Nigéria. A política vai além de uma abordagem básica de literacia tecnológica. Pelo contrário, centra-se na utilização da tecnologia para transformar os papéis do professor e do aluno na sala de aula. Foi amplamente reconhecido que, para alcançar a visão 20:2020 da Nigéria (o plano económico para colocar a Nigéria entre as 20 maiores economias do mundo até 2020), a educação, particularmente o desenvolvimento de professores, desempenhará um papel fundamental, assim como as TIC.

É evidente a necessidade de uma formação de professores que os prepare para adquirir competências em matéria de TIC, a fim de dotar os alunos das competências críticas necessárias para que eles, enquanto membros da sociedade, possam contribuir de forma significativa para o futuro desenvolvimento do país. Todos os professores devem estar familiarizados com as aplicações das TIC e ser competentes na sua utilização. White (2003) recomenda que os professores experimentem o e-learning como parte do seu desenvolvimento profissional. A Comissão Nacional de Universidades (NUC) tem trabalhado assiduamente para lançar as bases para a integração das TIC nas instituições de ensino superior, investindo em infra-estruturas de TIC, sistemas de informação de gestão, acesso ao correio eletrónico e serviços de informação de bibliotecas. Existem essencialmente três tipos de infra-estruturas de TIC nas instituições de ensino superior nigerianas. São eles

- Iniciativas locais; concebidas e desenvolvidas com recursos locais
- Iniciativas empresariais; organizações empresariais como a Cisco e a Microsoft
- Iniciativas de parceria internacional; por exemplo, o projeto de programa de gestão de telecomunicações para licenciados NetTel@Africa, patrocinado pela Comissão de Comunicações da Nigéria em parceria com intervenientes regionais unidos no seu desejo de aumentar a capacidade do sector africano das TIC.

Em conformidade com o mandato de parceria público-privada (PPP) da Agência Nacional para o Desenvolvimento das Tecnologias da Informação (NITDA), a Universidade do Benim, por exemplo, estabeleceu uma parceria com a Broadband Technology, uma empresa de TI sediada em Lagos, em 2002. Este facto levou à criação da U. B. Technologies, que foi especificamente concebida para fornecer ;

- Serviços Internet para estudantes e pessoal,
- Formação em TIC para estudantes e pessoal, e
- Serviços informáticos com desconto.

No entanto, embora a Universidade do Benim tenha adotado e personalizado o portal Uniben.waeup.org (trata-se do portal de registo de estudantes da Universidade do Benim [SRP], que faz parte do Projeto e-Universidade da África Ocidental (WAeUP) para melhorar a produtividade e promover a manutenção de registos eficientes para melhorar a qualidade do ensino e da investigação), não conseguiu implementar um sistema de gestão do ensino superior.

a utilização de aplicações TIC no processo de ensino e aprendizagem ainda não arrancou verdadeiramente na universidade.

2.4 Aptidões e competências em matéria de TIC

Independentemente da quantidade e da qualidade da tecnologia disponível na sala de aula, a chave para a utilização das TIC é o professor; por conseguinte, os professores precisam de ter as competências e a atitude correcta em relação à tecnologia (Kadel, 2005). A competência é definida como a capacidade de combinar e aplicar atributos relevantes a tarefas específicas em contextos específicos. Estes atributos incluem níveis elevados de conhecimentos, valores, aptidões, disposições pessoais, sensibilidades e capacidades, e a capacidade de aplicar estas combinações de forma adequada (Commonwealth Department of Education, Science and Training, 2002). A competência em TIC descreve o que um professor precisa de saber para ser capaz de utilizar a tecnologia na sua prática profissional.

Kirschner e Woperies (2003) destacaram algumas das competências-chave em TIC de que os professores necessitam. Estas incluem competências nos seguintes domínios

- Utilização pessoal das TIC ;
- Domínio de uma série de paradigmas educativos utilizando as TIC ;
- Utilizar as TIC como uma ferramenta para a mente ;
- Utilização das TIC como ferramenta de ensino,
- dominar uma série de paradigmas de avaliação que envolvam a utilização das TIC;

e

- Compreender as dimensões políticas da utilização das TIC no ensino e na aprendizagem.

Do mesmo modo, Marija e Palmira (2007) classificaram as competências em TIC em duas categorias: competências básicas em TIC e competências educativas em TIC. As instituições de ensino superior na Nigéria ainda têm um longo caminho a percorrer para otimizar a utilização das TIC no processo de aprendizagem, uma vez que as competências em TIC da maioria dos professores a este nível são de nível básico, se é que o são.

A nível mundial, a UNESCO desenvolveu um Quadro de Competências para Professores (ICT-CFT), lançado em 2008 para ajudar os decisores políticos em matéria de educação e os responsáveis pelo desenvolvimento de programas curriculares a identificar as competências de que os professores necessitam para tirar partido da tecnologia na educação (UNESCO, 2008). As normas de competência foram desenvolvidas em cooperação com a Cisco, a Intel e a Microsoft, bem como com a Sociedade Internacional para a Tecnologia na Educação (ISTE). O quadro foi criado através do cruzamento de três abordagens à integração das TIC na educação (literacia tecnológica, aprofundamento do conhecimento e criação de conhecimento) com as seis componentes do sistema educativo (política e visão, currículo e avaliação, pedagogia, TIC, organização e administração, e desenvolvimento profissional dos professores). Este diagrama é ilustrado na Figura 1.

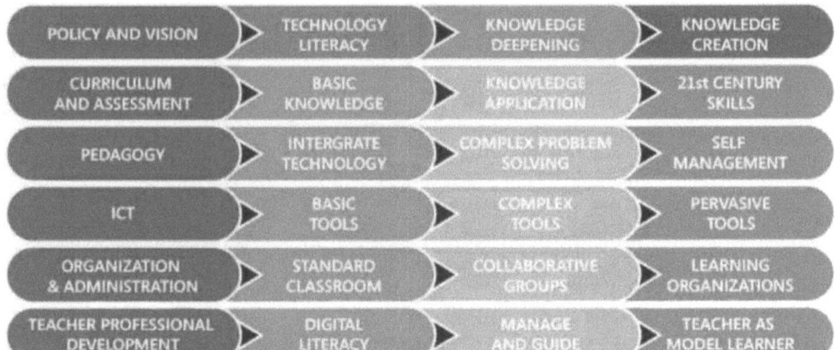

Figura 1: Quadro de Competências em TIC da UNESCO para Professores, Fonte: UNESCO, 2008

As directrizes recomendam que a identificação das competências em TIC para os professores se baseie numa compreensão clara da abordagem global de um país relativamente à utilização das TIC na educação. Os países podem adotar uma combinação destas três abordagens:

i. Desenvolver uma mão de obra tecnologicamente qualificada para melhorar a produtividade e a competitividade da economia nacional;

ii. Formar trabalhadores do conhecimento, ou seja, pessoas capazes de aplicar os conhecimentos para acrescentar valor à economia e à sociedade; e

iii. Formar inovadores e criadores de conhecimento para a sociedade do conhecimento.

Lee (1997) constatou que um grande número de estudantes em programas de formação de professores, como o NCE e o B.Ed., não possuía competências informáticas operacionais básicas. O estudo de Ozoemelem (2010) revelou que os estudantes das universidades nigerianas são pouco competentes na utilização das TIC. Do mesmo modo, Yusuf (2005) relata que os professores do ensino secundário nigeriano não são competentes em operações informáticas básicas e na utilização de software genérico. Se se espera que os professores integrem as TIC no currículo, os preparativos devem ser feitos ao nível da formação inicial de professores. Os programas de formação inicial de professores devem sublinhar a necessidade de os estudantes adquirirem competências em TIC para sua própria utilização na preparação de materiais para actividades de ensino e aprendizagem; a necessidade de facilitar a utilização direta das TIC nas actividades de aprendizagem dos alunos na sala de aula; e a necessidade de os professores desenvolverem nos seus alunos uma consciência crítica das aplicações das TIC e das suas implicações sociais (Robbins, 1998).

2.5   Género e competências em TIC

Nos últimos anos, a disparidade de género nas TIC tem sido objeto de numerosos estudos, tanto a nível internacional como local. Estudos demonstraram que as mulheres tendem a interessar-se menos por computadores do que os homens e a utilizá-los com menos frequência no seu tempo livre (Schaumburg, 2001). Além disso, os estudos revelaram que as raparigas são menos confiantes do que os rapazes nas suas competências informáticas e que os rapazes ultrapassam as raparigas em conhecimentos e competências informáticas. Além disso, as três profissões relacionadas com a informática (cientistas informáticos, engenheiros informáticos e analistas de sistemas, e ciências e engenharia informáticas) são as principais escolhas profissionais dos rapazes (Derbyshire, 2003). Estudos realizados por Bebetsos e Antoniou (2008) e Kadel (2005) também demonstraram que as mulheres têm atitudes negativas em relação aos computadores; em consequência, têm frequentemente menos conhecimentos informáticos do que os homens. Sefyrin (2005) argumentou que a competência em TIC pode ser vista como uma questão de interesse nas TIC, sendo os homens mais interessados nas TIC do que as mulheres.

Numerosos estudos mostram que existem diferenças significativas entre os géneros nas competências em TIC entre os estudantes. O estudo de Oliver (1993), que reproduziu um estudo anterior (1985), avaliou as diferenças de género nas competências em TIC entre os alunos do ensino primário e secundário num distrito escolar de uma cidade da Austrália Ocidental. O estudo encontrou diferenças significativas de género entre os alunos do ensino primário. Observaram também que as diferenças de género observadas entre os alunos do ensino primário no estudo de 1985 eram ainda evidentes em 1991. Por outro lado, as diferenças de género eram menos acentuadas entre os alunos do ensino secundário em 1991 do que em 1985. Num outro estudo, centrado nas diferenças de género em áreas específicas das competências informáticas, Rajagopal e Bojin (2003) verificaram que existiam diferenças de género entre os estudantes universitários do sexo masculino e feminino. O seu estudo revelou que 12% dos estudantes do sexo masculino e 3% dos estudantes do sexo feminino declararam que as suas competências na criação e edição de páginas Web eram excelentes, enquanto 35% dos estudantes do sexo masculino e 68% dos estudantes do sexo feminino declararam que não tinham conhecimentos nesta área. No entanto, no que diz respeito ao processamento de texto, uma clara maioria dos alunos (59% e 46% das alunas) afirmou que as suas competências eram excelentes, enquanto 2% dos alunos do sexo masculino e 6% das alunas afirmaram não ter quaisquer competências nesta área. Este resultado contradiz o estereótipo comum das mulheres dactilógrafas, se equipararmos o processamento de texto ao tratamento de texto, uma área em que as mulheres têm dominado.

A investigação levada a cabo por Meelissen (2005) demonstrou que as raparigas parecem ter uma auto-eficácia inferior à dos rapazes, sobretudo em tarefas informáticas mais complexas. O estudo de Meelissen (2005) com alunos do quinto ano revelou que, independentemente do género, os alunos conseguiam realizar as tarefas informáticas mais comuns, como copiar texto e guardar documentos, processar texto ou utilizar um programa de desenho. Para as competências informáticas menos comuns e mais avançadas, como enviar um anexo de correio eletrónico, reencaminhar uma mensagem de correio eletrónico e descarregar programas ou documentos da Internet, os rapazes mostraram maior auto-eficácia do que as raparigas. A investigação de TengkuFaekah (2005) mostrou que os alunos do quarto ano no distrito de Kubang Pasu em Kedah, um estado no norte da Malásia, tinham uma melhor perceção das suas competências em TIC do que as suas colegas do sexo feminino. No entanto, actividades como o manuseamento de hardware e a manutenção de computadores continuam a ser dominadas pelos homens (Atan, Azli, Rahman & Idrus, 2002). Uma análise dos estudos supramencionados sugere que a evidência de diferenças específicas entre os géneros nas competências em TIC é inconclusiva, apesar da crença generalizada de que os computadores e a Internet são tecnologias dominadas pelos homens. Seria, portanto, interessante descobrir de que forma o género afecta a perceção das competências em TIC dos estudantes de licenciatura em programas de formação de professores na Universidade de Benin, Benin City, Nigéria, especialmente agora que as TIC são consideradas cruciais não só para o processo de ensino e aprendizagem, mas também para a progressão profissional.

2.6   Formação em TI e competências em TIC

A falta de formação adequada e de experiência é uma das principais razões pelas quais os professores não utilizam a tecnologia no seu ensino. Este facto resulta também numa atitude negativa dos professores em relação aos computadores e à tecnologia. Além disso, a falta de confiança leva a uma relutância por parte dos professores em utilizar os computadores (Kumar & Kumar, 2003). Outro problema é o impacto da falta de formação na integração das TIC nos programas de formação de professores na Nigéria. A formação centra-se frequentemente na literacia digital, com pouco conteúdo pedagógico. Muitas instituições de formação reconheceram a necessidade de adotar padrões de TIC e incluí-los no currículo de formação de professores na Nigéria (Jegede, 2009). A utilização das TIC nas aulas baseia-se na iniciativa dos próprios professores, uma vez que não existe nenhuma política ou programa que exija a utilização das TIC como ferramenta de ensino.

Torna-se imperativo que os estudantes estejam equipados com competências de literacia digital, a fim de explorarem os recursos de informação produzidos pela era eletrónica. Os alunos que abandonam a escola podem não ter as competências informáticas necessárias para a sua formação universitária, mesmo que sejam utilizadores frequentes de dispositivos electrónicos (Nash, 2009). De facto, há uma necessidade urgente de formação em TIC para os novos estudantes do CMI e universitários, para garantir que obtêm bons resultados de aprendizagem através da utilização das TIC e satisfazem as necessidades dos seus futuros empregadores. As necessidades mais importantes de formação em TIC devem incluir o desenvolvimento de competências para apoiar as abordagens de ensino e aprendizagem das TIC em áreas especializadas específicas, formação em manutenção, formação orientada para a investigação na utilização das TIC para análise de dados - dados numéricos, folhas de cálculo e programas (Danner e Pessu, 2013).

2.7 Formação de professores em TIC na educação

O Guia UNESCO/UIS para a medição das tecnologias da informação e da comunicação (TIC) na educação (2009) explora a área concetual da formação de professores e do desenvolvimento do pessoal utilizando estes três indicadores principais:

> **ED8 Proporção de professores qualificados em TIC nos estabelecimentos de ensino primário e secundário (níveis 1-3 da CITE)**: número total de professores com formação para ensinar competências informáticas básicas (ou informática) nos estabelecimentos de ensino primário e secundário, com base em normas nacionais, expresso em percentagem do número total de professores destes níveis de ensino;

> **ED35 Proporção de professores do ensino primário e secundário formados através de programas de ensino à distância que utilizam as TIC (níveis 1-3 da CITE)**: Número total de professores do ensino primário e secundário formados através de programas de ensino à distância que utilizam as TIC, expresso em percentagem do número total de professores;

> **ED38 Proporção de professores do ensino primário e secundário com formação para lecionar uma ou mais disciplinas utilizando as TIC (níveis 1-3 da CITE)**: Número total de professores com formação para utilizar as TIC para lecionar uma ou mais disciplinas no ensino primário e secundário, expresso em percentagem de todos os professores dos níveis 1-3 da CITE (UNESCO-UIS, 2009).

Em alguns países em desenvolvimento, a formação de professores em TIC baseia-se na aquisição de literacia informática, que é uma componente importante da integração das TIC na educação; no entanto, deve notar-se que uma formação eficaz não deve parar na literacia informática, mas deve modelar práticas de ensino eficazes (Infodev, 2015). No entanto, muitos outros países oferecem pouca ou nenhuma formação de professores em TIC na educação. Por exemplo, os dados europeus mostram que 70% e 65% dos alunos na Lituânia e na Roménia, respetivamente, são ensinados por professores para os quais é obrigatória a participação em formação em TIC, em comparação com apenas 13% ou menos alunos no Luxemburgo, Áustria e Itália (Comissão Europeia, 2013).

O indicador ED8 mede a proporção de professores "qualificados em TIC"; por outras palavras, mede os professores com formação e, por conseguinte, mais bem equipados para lecionar cursos específicos sobre competências informáticas básicas no ensino primário ou básico e/ou informática no ensino secundário. Em contrapartida, o indicador ED38 do UIS mede a proporção de professores do ensino primário e secundário com formação para ensinar outras disciplinas utilizando as TIC (para os níveis 1 a 3 da CITE). Para ambos os indicadores, o termo "formado" refere-se às normas nacionais. Em vários países da América Latina e das Caraíbas (UNESCO-UIS, 2012), em alguns Estados árabes (UNESCO-UIS, 2013) e em alguns países da Ásia e do Pacífico (UNESCO-UIS, 2014), diferentes proporções de professores receberam cada tipo de formação. Em geral, as percentagens mais pequenas de professores receberam formação para ensinar competências informáticas básicas ou ciências da computação (ou seja, 10% ou menos), enquanto as percentagens de professores formados para ensinar disciplinas que utilizam as TIC variam mais amplamente, desde um pequeno número em países de baixo rendimento até à maioria em alguns países desenvolvidos (Partnership on Measuring ICT for Development, 2014b).

Na Ásia e no Pacífico, países como a Região Administrativa Especial de Hong Kong (China), a Malásia e Singapura, onde as TIC estão bem integradas no currículo e quase universalmente disponíveis nas escolas, sugerem que todos os professores têm formação para ensinar utilizando as TIC na sala de aula. Além disso, outros dados sugerem que todos os professores nestes três países utilizam as TIC no seu ensino. Em contrapartida, os dados sugerem que poucos professores são formados em países onde as TIC são raras, incluindo as Filipinas, Myanmar e Quirguizistão (UNESCO-ISU, 2014). A formação de professores em TIC na educação está, portanto, também ligada às infra-estruturas existentes, como Twining et al. (2013) também salientaram. Por outras palavras, é de esperar uma relação diretamente proporcional entre as infra-estruturas das TIC e a formação de professores, o que significa que quanto maiores e mais recentes forem as infra-estruturas, mais a formação deverá aumentar. Embora as iniciativas de formação em TIC estejam longe de abranger todos os professores em África, a InfoDev informou que, em 2007, cerca de 61 programas, projectos e cursos diferentes de formação de professores e desenvolvimento profissional relacionados com as TIC estavam em curso em África (Farrell e Isaacs, 2007).

Dada a natureza complexa e evolutiva das TIC em geral, há necessidade de uma maior clarificação dos conceitos de "qualificado em TIC" e "formado para ensinar disciplinas utilizando equipamento TIC". Em consonância com esta necessidade de reflexão, Twining e Henry (2014), num artigo intitulado 'Enhancing ICT Teaching in

English Schools: Vital Lessons', argumentam que o termo TIC mudou de foco ao longo do tempo e refere-se a vários aspectos específicos da utilização da tecnologia nas escolas, abrangendo disciplinas especializadas, a utilização da tecnologia para apoiar a aprendizagem em todo o currículo, bem como a própria tecnologia digital.

Reconhecendo as muitas dimensões da 'literacia em TIC' e da 'formação na utilização das TIC para apoiar o ensino noutras disciplinas', o Quadro de Competências em TIC para Professores da UNESCO fornece um guia útil para codificar as competências em TIC e pode, portanto, informar o desenvolvimento de novos indicadores para medir a formação e a preparação dos professores. O Quadro de Competências em TIC para Professores da UNESCO descreve as competências de que os professores necessitam para integrar as TIC na sua prática profissional. Centra-se no papel que as TIC podem desempenhar no apoio a seis grandes áreas da educação em três fases de crescimento na aprendizagem (UNESCO, 2011). Atualmente, alguns programas internacionais de formação de professores baseiam-se neste quadro, como o *Partners in Learning* da Microsoft ou o INTEL Teach, para citar apenas alguns (UNESCO, 2011b).

Quadro 1: Quadro de Competências em TIC da UNESCO para Professores

Foco educacional	Módulos - Fases de aquisição de conhecimentos		
	Cultura tecnológica	Reforçar os conhecimentos	Criação de conhecimento
Compreender as TIC na educação	Sensibilização política	Compreender a política	Inovação política
Currículo e avaliação	Conhecimentos básicos	Aplicação dos conhecimentos	Sociedade do conhecimento Competências

Ensino	Integração da tecnologia	Resolução de problemas complexos	Auto-gestão
TIC	Ferramentas básicas	Ferramentas complexas	Ferramentas omnipresentes
Organização e administração	Sala de aula padrão	Grupos de colaboração	Organizações de aprendizagem
Formação profissional para professores	Literacia digital	Gerir e orientar	O professor como aprendiz modelo

Fonte: UNESCO ICT Competency Framework for Teachers Extraído de:
http://unesdoc.unesco.org/images/0021/002134/213475e.pdf

Conteúdo do curso

Os indicadores 8 e 38 mostram as proporções de professores formados, mas não dão qualquer indicação sobre o conteúdo da formação de professores ou sobre a forma como é ministrada.

A fim de compreender melhor o tipo de formação em TIC que é fornecida, o UIS poderia considerar a inclusão de indicadores que captem o conteúdo da formação de professores. A pesquisa TIC Educação 2013 sobre o uso das TIC nas escolas brasileiras sugere a inclusão dos seguintes elementos no conteúdo da formação de professores:

> Passos para a integração das TIC ;

> Prática de ensino ;

> Conhecimento do conteúdo e apoio curricular ;

> Aprendizagem contínua ao longo da vida ;

> Introdução às competências do século XXI ;

> Colaboração ;

> Resolução de problemas ;

> Comunicação ;

> Criatividade e inovação ;

> Autorregulação e iniciativa (Seo, 2013; Direção da Internet no Brasil

Comité, 2013: Inquérito D2, página 373).

Formação em tecnologias de apoio

Melhorar a pedagogia através das TIC também pode ser um meio poderoso de melhorar a equidade na educação e pode, portanto, ser um mecanismo importante para a educação inclusiva (UNESCO, 2014a). Mais uma vez, a utilização de tecnologias de apoio pode ser realçada, mas os professores precisam de saber como utilizá-las para satisfazer as necessidades das pessoas com deficiência. No entanto, a educação inclusiva e a utilização de tecnologias de apoio raramente são abordadas nos programas de formação de professores, pelo que os professores geralmente não têm as competências necessárias para apoiar as crianças com uma série de deficiências (UNESCO, 2014a), especialmente nos países em desenvolvimento. No entanto, alguns países em desenvolvimento estão a introduzir cursos como parte da formação de professores. Gronlund et al (2010), por exemplo, dá o exemplo da República Unida da Tanzânia, onde são oferecidos cursos a nível terciário para formar professores do ensino secundário em educação inclusiva. O Bangladesh também oferece cursos sobre educação inclusiva, mas não existem regulamentos que obriguem os professores a frequentar estes cursos, que são considerados opcionais (Gronlund et al., 2010). A formação de professores para a utilização efectiva de tecnologias de apoio também deve ser incluída nos novos indicadores.

Quem é formado em TIC?

Para além das competências relacionadas com a "literacia em TIC" ou as necessárias para apoiar o ensino de vários elementos do currículo, faltam também indicadores sobre os professores que são alvo de formação. Por exemplo:

> Os professores de todas as turmas são visados? Alguns países, incluindo o Quénia, utilizam as TIC apenas no ensino primário, enquanto no Djibuti, as TIC estão fortemente concentradas no ensino secundário (UIS, 2015).

> Os professores de todas as disciplinas são visados? É importante notar que, em muitos contextos, a utilização das TIC no ensino se centra em disciplinas específicas, como a matemática e as ciências. Em África, a iniciativa OER24schools investe em pedagogia aplicada, incluindo as TIC, em matemática e ciências (Hennesy et al., 2015). O indicador ED38, Proporção de professores do ensino primário e secundário com formação para ensinar uma ou mais disciplinas utilizando equipamento TIC (para os níveis 1 a 3 da CITE), menciona disciplinas mas não fornece uma repartição por área temática.

> Os professores são os únicos que precisam de ser formados, ou os administradores, os facilitadores em linha e os directores das escolas também? Alguns documentos sugerem que não só os professores, mas também os administradores escolares precisam de ser formados, uma vez que desempenham um papel fundamental na utilização das TIC nas escolas (Infodev, 2015).

Onde e como são formados os professores?

O atual conjunto de indicadores é ainda mais limitado na medida em que não fornece uma análise aprofundada de onde e como os professores são formados. No seu modelo de desenvolvimento profissional, o InfoDev distingue três fases sucessivas de formação e preparação em serviço:

> A formação inicial, que incide sobre a preparação inicial para a docência, o domínio das matérias, as competências de gestão e a utilização de diferentes instrumentos pedagógicos (incluindo as TIC). Tem três objectivos principais:

- preparar os professores para a utilização efectiva das TIC no ensino, com base em normas ou competências ;

    - preparar os professores para ensinarem conteúdos relacionados com as TIC;

    - a aplicação das TIC na formação de professores (Davis, 1995).

> formação em serviço, incluindo oportunidades de aprendizagem presencial e à distância que se baseiem em formação formal prévia (acreditada) e respondam diretamente às necessidades dos professores; e

> Apoio pedagógico e técnico contínuo, formal e informal, possibilitado pelas TIC, aos professores, visando as necessidades e os desafios quotidianos (Farrell e Isaacs, 2007).

Quando se analisam os dados sobre quando os professores são formados na utilização das TIC na educação, verifica-se que a maioria é formada em serviço. Em África, o desenvolvimento profissional dos professores e os programas de formação em TIC centram-se nos professores em serviço, mas há uma tendência crescente para incluir a formação relacionada com as TIC nos programas iniciais de formação de professores (Farrell e Isaacs, 2007). Os indicadores propostos pelo UIS precisam de ter em conta as iniciativas de desenvolvimento profissional em serviço e pré-serviço que estão a florescer em diferentes partes do mundo. Ao alargar os indicadores actuais, é possível acompanhar a evolução dos programas de formação e desenvolvimento profissional dos professores em serviço no sentido da inclusão do desenvolvimento dos professores em serviço nas TIC na educação. Por exemplo, poder-se-ia optar por um indicador que determinasse a proporção de professores cujos programas de formação incluíssem um tópico específico sobre como utilizar os computadores e a Internet para ensinar o currículo geral.

Além disso, são utilizados vários métodos para integrar as TIC na formação de professores:

> Cursos de tecnologia autónomos ;

> Aprendizagem baseada em recursos, incluindo workshops ;

> Infusão da tecnologia nos métodos e cursos de base ;

> Aplicação durante a experiência no terreno, incluindo tutoria ;

> Uma combinação das anteriores (Davis, 1995).

A formação em TIC como parte obrigatória da formação de professores

Na Europa, apenas 25% dos alunos do 8.º e 11.º anos e 30% dos alunos do 4.º ano, respetivamente, são ensinados por professores com formação obrigatória em TIC (Comissão Europeia, 2013). No entanto, embora muitas competências em TIC sejam adquiridas fora do sistema formal de formação de professores, é necessário fazer mais para tornar as TIC uma parte obrigatória e não opcional do currículo. Muitos currículos nacionais na Europa incluem as TIC, e o tema está a ser cada vez mais analisado em África e na Ásia, uma vez que os documentos nacionais de desenvolvimento estratégico reconhecem a importância das TIC no reforço das capacidades e no desenvolvimento profissional dos professores. Apesar da ênfase crescente na formação dos professores para a utilização das TIC, a decisão de tornar essa formação obrigatória nem sempre é certa. No caso do Ruanda, esses cursos nos programas de formação de professores nem sempre foram um pré-requisito para o ensino, uma vez que eram oficialmente considerados como uma disciplina opcional no currículo nacional (Davis, 1995). O Ruanda está atualmente em processo de revisão da sua política de TIC na educação e a UNESCO está a ajudar o Conselho de Educação do Ruanda a atualizar o seu currículo de TIC para professores, com base no Quadro de Competências TIC da UNESCO para Professores (ICT CFT) (UNESCO, 2014b).

O atual questionário UIS recolhe dados sobre a proporção de professores com formação na utilização das TIC no seu ensino. No entanto, quando a formação de professores em TIC é obrigatória, a monitorização da proporção de professores formados assume uma dimensão adicional e ajuda os países a acompanhar os seus próprios progressos no cumprimento das normas nacionais. Além disso, os países podem ter diferentes requisitos de formação para diferentes públicos-alvo, por exemplo, consoante o nível de ensino, a disciplina ensinada, etc. Embora o inquérito UIS inclua atualmente perguntas sobre formação discriminadas por nível de ensino, poderia considerar dados adicionais que respondam a perguntas sobre se a formação em TIC é obrigatória no país e, em caso afirmativo, a que níveis e em que disciplinas.

2.8 Ensino à distância baseado nas TIC

O indicador UIS (ED35) tem por objetivo recolher dados sobre a proporção de professores do ensino primário e secundário que são formados através de programas de ensino à distância baseados nas TIC. Infelizmente, são poucos os dados atualmente disponíveis e o indicador UIS abrange apenas os professores em exercício, pelo que não mede a utilização do ensino à distância baseado nas TIC na formação inicial. Seria importante ter em conta estas diferentes fases de desenvolvimento profissional nos indicadores propostos para a formação de professores no domínio das TIC na educação. Além disso, o inquérito não especifica se a formação é formal ou informal.

Para além de recolher dados sobre as proporções de professores formados através de programas de educação à distância baseados nas TIC, o UIS deve também desenvolver um indicador que capte a extensão da formação fornecida através da educação à distância baseada nas TIC em comparação com a formação presencial. O inquérito TIC Educação 2013 sobre a utilização das TIC nas escolas brasileiras propõe que os seguintes elementos sejam tidos em conta na formação de professores:

Proporção de professores inscritos num programa de desenvolvimento profissional contínuo que utiliza as TIC, incluindo :

> os participantes em acções de formação profissional contínua no local que utilizem as TIC ;

> os que participam no desenvolvimento profissional contínuo utilizando as TIC, presencialmente e através de programas de ensino à distância utilizando as TIC; e

> aqueles que apenas seguem programas de ensino à distância baseados nas TIC (Comité Diretivo Brasileiro, 2013, Inquérito A4).

Tipo de tecnologia utilizada no ensino à distância baseado nas TIC

A rádio, a televisão e a Internet, entre outros, podem ser utilizados para proporcionar oportunidades de ensino à distância, mas alguns destes tipos precisam de ser utilizados em contextos específicos. Em particular, as diferenças regionais e/ou culturais também foram consideradas como um fator na utilização do ensino à distância baseado nas

TIC em África. Por exemplo, um inquérito realizado em 2003 pelo grupo de trabalho da Associação para o Desenvolvimento da Educação em África (ADEA) sobre educação à distância e aprendizagem aberta concluiu que, enquanto a Internet e os CD-ROM eram utilizados em 35% das instituições francófonas que ofereciam serviços de formação de professores, apenas 5% das instituições anglófonas e 0% das instituições lusófonas, respetivamente, também os utilizavam (Farrell e Isaacs, 2007). Embora muitos tipos de TIC possam ser utilizados para proporcionar oportunidades de ensino à distância e alguns sejam mais adequados a diferentes contextos, o inquérito do UIS não capta esta informação e, em vez disso, agrupa todas as TIC.

A televisão provou ser um mecanismo eficaz para disseminar as TIC numa série de países em desenvolvimento. Nos Estados Árabes, o programa GENIE (2006) em Marrocos forma professores para a utilização das TIC na educação através de modos de ensino à distância com recurso à televisão (MathemaTICE, 2009). Entretanto, a televisão interactiva também tem sido utilizada para apoiar a integração das TIC na educação em Marrocos, proporcionando oportunidades de formação de professores através da televisão interactiva (MathemaTICE, 2012).

A Internet, embora nem sempre esteja disponível em todas as partes dos países em desenvolvimento, é outra forma de TIC que pode ser utilizada para oferecer ensino à distância baseado nas TIC. Um programa de ensino aberto e à distância (EAD) baseado na Internet para professores de TIC pode ser encontrado no Lesoto, onde a *Commonwealth of Learning (COL)* e o *Lesotho College of Education* trabalharam em conjunto para formar académicos em design instrucional utilizando o EAD em 2002 (Daniel & Menon, 2007).

Nos Estados Árabes, o *Centro Nacional para a Inovação e Experimentação Educativas (CNIPE)*, outro projeto baseado na Internet em parceria com o *Advancing Learning and Employability for a better Future (ALEF)*, (um projeto *financiado pela USAID*), proporciona aos professores um ambiente de aprendizagem em linha sobre como criar conteúdos educativos multimédia. Na América Latina, os professores do ensino primário e secundário são formados através de portais à distância baseados nas TIC, agrupados na *Rede Latino-Americana de Portais Educativos (RELPE)*. Os países da região gerem portais educativos que oferecem conteúdos educativos locais a alunos e professores (Gutterman, et al., 2009).

Resistência dos professores ao ensino à distância baseado nas TIC

Os professores são muitas vezes reticentes em relação ao ensino à distância baseado nas TIC por várias razões. Nos casos em que foram realizados inquéritos sobre o ensino à distância com recurso às TIC, verifica-se que os professores consideram frequentemente que os cursos em linha são de má qualidade, por exemplo, os professores do Reino Unido que se preparam para "cursos vitais" (Twining e Henry, 2014). No entanto, há provas contrárias de que prestadores de serviços específicos, como a Universidade Aberta, são vistos como oferecendo ensino à distância de alta qualidade (Twining e Henry, 2014). Em África, o número de professores do ensino primário e secundário formados através de programas de ensino à distância baseados nas TIC, para além da rádio e da televisão, parece ser dificultado pela falta de infra-estruturas de TIC e de conetividade a preços acessíveis; no entanto, existem várias iniciativas. Por exemplo, a UNESCO lançou uma iniciativa no Quénia para formar professores para integrar as TIC na educação, mas a fase piloto do projeto ainda não foi avaliada (UNESCO, 2015a).

O Uruguai fornece outro exemplo interessante de como nem todos os professores aceitam o ensino à distância baseado nas TIC, embora tal possa também ser atribuído à falta de acesso a infra-estruturas, incentivos ou conveniência. Por exemplo, quando formados numa base voluntária, os professores do ensino secundário apresentam uma taxa de adesão baixa (menos de 10%), ao passo que os professores do ensino primário, a quem foi imposto o ensino à distância assistido por TIC como única forma de frequentar o curso, apresentam um aumento significativo, com uma taxa de adesão de 87% (UNESCO, 2011a).

Dada a resistência dos professores à aprendizagem através da educação à distância com base nas TIC, os dados para além das fontes administrativas que visam os professores podem ser úteis para esclarecer os níveis mais profundos de envolvimento dos professores com a educação à distância com base nas TIC. Além disso, na Europa, é referido que a grande maioria dos professores opta por desenvolver as suas competências no domínio das TIC no seu tempo livre, o que pode incluir vários meios de desenvolvimento profissional, como a formação ministrada pelo pessoal da escola e a participação em comunidades em linha (Comissão Europeia, 2013).

O inquérito da Comissão Europeia às escolas: ICT in Education Benchmarking Access, Use and Attitudes to Technology in Europe's Schools fornece um indicador da forma como os professores se envolveram no desenvolvimento profissional relacionado com as TIC nos últimos dois anos:

> Aprendizagem autónoma das TIC;

> Formação em TIC ministrada pelo pessoal da escola;

> Participação em comunidades em linha (Comissão Europeia, 2013).

Duração da formação: Durante quanto tempo são os professores formados?

Também é importante saber durante quanto tempo os professores recebem formação em TIC. A investigação mostra que a formação em TIC não deve ser demasiado curta ou esporádica. Pelo contrário, os melhores resultados são obtidos quando os professores são expostos a formação durante um longo período de tempo, ou se forem organizados regularmente programas de tutoria ou discussões de grupo entre professores para o intercâmbio de boas práticas (UNESCO-ISU, 2009). O desenvolvimento profissional dos professores é um processo, não um evento (Infodev, 2015). Pode optar-se por um indicador que determine a percentagem de cursos de curta duração sobre a integração das TIC na educação que são oferecidos aos professores como parte do currículo geral ou do programa de formação.

2.9 Utilização das TIC na educação pelos professores

Embora seja importante medir a formação que os professores recebem na utilização das TIC, os programas de formação não garantem que as TIC sejam utilizadas de forma óptima na sala de aula. A resistência dos professores à formação e/ou à utilização das TIC pode ter impacto na implementação na sala de aula por várias razões, incluindo a falta de formação e a falta de mecanismos de apoio institucional. O Guia UNESCO-UIS para Medir as Tecnologias de Informação e Comunicação (TIC) na Educação (2009) está atualmente a explorar a área concetual da utilização pelos professores utilizando quatro indicadores:

> **ED36 Proporção de professores do ensino primário e secundário que ensinam competências informáticas básicas (ou informática) (níveis 1-3 da CITE)** Número total de professores que ensinam competências informáticas básicas (ou informática) no ensino primário e secundário, expresso em percentagem do total de professores;

> **ED37 Proporção de professores do ensino primário e secundário que ensinam atualmente uma ou mais disciplinas utilizando as TIC (níveis 1-3 da CITE)** Número total de professores que ensinam atualmente uma ou mais disciplinas utilizando as TIC no ensino primário e secundário, expresso em percentagem do total de professores ;

> **ED39 Rácio aluno/professor em competências básicas de informática (ou TI) (níveis CITE 1-3)** Número de alunos inscritos em turmas onde são atualmente ensinadas competências básicas de informática (ou TI) dividido pelo número de professores que ensinam competências básicas de informática (ou TI);

> **ED40 Rácio alunos/professores que utilizam as TIC para ensinar (níveis 1-3 da CITE)** Número de alunos inscritos em turmas que beneficiam de ensino assistido por TIC dividido pelo número de professores que atualmente leccionam uma disciplina (ou disciplinas) utilizando equipamento TIC.

No entanto, os novos indicadores da utilização das TIC na educação pelos professores devem refletir uma multiplicidade de métodos de ensino e aprendizagem, a fim de relacionar os padrões de utilização com os resultados, incluindo os resultados da aprendizagem e outros resultados dos alunos. Embora a lista anterior de indicadores se tenha revelado disponível com base em dados provenientes de sistemas administrativos, os novos indicadores que demonstram padrões de utilização terão também de recorrer a fontes de dados adicionais, incluindo inquéritos a nível dos professores nas escolas.

Alargar os indicadores de utilização utilizando um quadro de competências dos professores

Uma forma de alargar a medição da utilização das TIC pelos professores que seja consistente com as normas políticas internacionais para a formação de professores é considerar a profundidade e a amplitude da Escada do Conhecimento, que é um conjunto de modelos ou perspetivas complementares e alternativos que, em conjunto, fornecem aos decisores políticos uma trajetória para a reforma educativa no desenvolvimento do apoio (UNESCO, 2011a) contido no Quadro de Competências TIC da UNESCO para Professores. Assim, ao examinar o uso das TIC, é importante captar o tipo de actividades que os professores realizam com os alunos, incluindo:

- Conferências ;

- Compreensão da leitura ;

- Apoio personalizado a alunos específicos ;

- Procurar informações em livros, revistas e/ou na Internet ;

- Organizar o trabalho de grupo e o trabalho de colaboração entre os alunos;

- Produção de material pelos estudantes ;

- Debates e apresentações dos alunos para toda a turma;

- Desenvolver folhas de cálculo e gráficos com os alunos;

- Projectos ou trabalhos temáticos ;

- Jogar jogos educativos;

- Contribuir para a comunidade através de projectos temáticos;

- Aprender a utilizar os computadores e a Internet (Bazilian Internet Steering Committee, 2013: SurveyE2, página 377).

A utilização de uma pedagogia baseada nas TIC no ensino

Os professores utilizam as TIC para uma variedade de objectivos para melhorar o ensino e a aprendizagem, incluindo a comunicação geral, os jogos, os trabalhos de casa, a procura de informação, a prática e a aprendizagem de uma língua estrangeira ou da matemática (OCDE, 2014). Ao mesmo tempo, as TIC alteraram o contexto pedagógico e exigem que os professores sejam capazes de gerir eficazmente a evolução dos paradigmas de ensino e aprendizagem e dos processos conexos.

Acredita-se que os professores com formação podem utilizar as TIC para alargar e enriquecer a aprendizagem em todo o currículo:

- Os "neoprogressistas" que querem comunidades de aprendizagem e vêem os computadores como "ferramentas mentais" que podem tornar isso possível;
  - Utilização de software e de ferramentas de resolução de problemas para alargar e enriquecer a aprendizagem;
  - Como quadro principal da aprendizagem de certas disciplinas, nomeadamente das línguas ;
  - Quadro de práticas de TI para a transformação curricular
  (Twining e Henry, 2014).

Embora se pense que a formação prepara os professores para utilizarem as TIC de forma eficaz na sala de aula, um inquérito sobre as TIC na educação na Europa mostrou recentemente que a maioria dos professores ainda utiliza as TIC sobretudo para preparar o seu ensino e que apenas alguns as utilizam durante as aulas para melhorar a pedagogia (Comissão Europeia, 2013). Além disso, a relação entre a utilização de uma pedagogia baseada nas TIC e o desempenho não é clara. Por exemplo, um estudo realizado no Brasil concluiu que a introdução de laboratórios de informática nas escolas teve um impacto negativo no desempenho dos alunos, ao passo que a utilização da Internet pelos professores como recurso pedagógico promoveu um ensino e uma aprendizagem inovadores na sala de aula, resultando em melhores resultados nos testes (UNESCO, 2014a). Esta contradição sugere a importância de princípios pedagógicos sólidos e da sua aplicação aquando da introdução de uma pedagogia baseada nas TIC.

Utilização pelos professores de programas e avaliações digitais no ensino

Na literatura sobre as TIC na educação, e mais especificamente no quadro de competências da UNESCO para professores (UNESCO, 2011b), é feita uma distinção entre pedagogia, currículo e avaliação. O currículo refere-se ao que é ensinado e a pedagogia à forma como o ensino é ministrado.

Tem-se argumentado que a utilização de recursos digitais pelos professores na sala de aula pode desempenhar um papel importante na melhoria da aprendizagem. Os resultados do inquérito sobre as TIC na educação na Europa, que mostram que os recursos digitais ainda são muito raramente utilizados, são algo surpreendentes. As frequências mais elevadas de utilização (ou seja, entre "várias vezes por mês" e "pelo menos uma vez por semana") em todos os níveis de ensino são observadas na Dinamarca, bem como na Noruega no 11.º ano (com uma frequência elevada no 8.º ano) e, em menor grau e dependendo do nível de ensino, na Bulgária, Lituânia e Suécia (Comissão Europeia,

2013).

O indicador UIS ED37 Proporção de professores do ensino básico e secundário que atualmente leccionam uma ou mais disciplinas utilizando equipamento TIC refere-se não só à pedagogia, mas pode também referir-se implicitamente à utilização de programas (recursos) digitais e à avaliação. No entanto, também é possível considerar indicadores que se relacionam diretamente com a utilização do programa digital e estabelecer a proporção de professores por tipo de utilização entre as actividades gerais:

> Procurar conteúdos para utilizar na aula ;

> Pesquisar ou descarregar conteúdos audiovisuais educativos ;

> Pesquisar ou descarregar livros e artigos disponíveis na Internet;

> Procurar exemplos de planos de aulas ;

> Acesso aos portais Web dos professores;

> Outros fins relacionados com as actividades de ensino (Internet brasileira)

Direção

Comissão, 2013: Inquérito E10, página 410).

Embora os currículos e as avaliações digitais pareçam ser mais aplicáveis nos países em que o desenvolvimento das TIC está mais avançado, vários materiais digitais estão cada vez mais disponíveis, enquanto os Recursos Educativos Abertos (REA) estão também cada vez mais disponíveis para reutilização e adaptação nos países em desenvolvimento. Os Recursos Educativos Abertos (REA) são todos os tipos de material educativo que são do domínio público ou introduzidos com uma licença aberta. A natureza destes recursos abertos significa que qualquer pessoa pode legal e livremente copiá-los, utilizá-los, adaptá-los e partilhá-los novamente. Os REA vão desde livros didácticos a currículos, notas de curso, trabalhos, testes, projectos, áudio, vídeo e animação (UNESCO, 2015b). A crescente disponibilidade de REA não se traduz necessariamente na sua utilização pelos professores. Na Europa, por exemplo, 15% dos alunos de todas as turmas são ensinados por professores que dizem criar recursos digitais todos os dias ou quase todos os dias, e outros 15% pelo menos uma vez por semana (Comissão Europeia, 2013).

A menção explícita ao currículo e à avaliação dos professores com recurso às TIC também está largamente ausente dos indicadores propostos para medir as TIC na educação. O inquérito TIC Educação de 2013 sobre a utilização das TIC nas escolas brasileiras inclui um desses indicadores (E7) que mede especificamente a proporção de professores de acordo com os métodos de avaliação utilizados (Comité Diretivo da Internet no Brasil, 2013: inquérito E7, página 410). O UIS poderia considerar este indicador para garantir uma perspetiva mais holística da utilização das TIC na educação pelos professores.

Ensino de competências informáticas básicas

Para além de utilizarem as TIC para melhorar outros programas curriculares, muitos professores utilizam as TIC para ensinar conhecimentos básicos de informática e/ou ciências informáticas. O indicador ED36 mede a proporção de professores do ensino básico e secundário que ensinam competências informáticas básicas (ou ciências informáticas) (para os níveis 1 a 3 da CITE). Este indicador é importante para compreender a capacidade das escolas e do sistema educativo em geral para ensinar competências informáticas básicas e/ou ciências da computação; além disso, fornece uma referência em relação à qual podem ser avaliadas as actuais qualificações dos professores e as necessidades de formação. No Quénia, por exemplo, não há professores suficientes no ensino primário e secundário que ensinem competências informáticas básicas (ou computação); no entanto, isto vem juntar-se à já existente falta de infra-estruturas, como eletricidade e computadores, que dificulta a adoção de competências informáticas em muitos países (ICT Works, 2011).

Como já foi referido, as infra-estruturas necessárias para o ensino das competências informáticas básicas ou da informática, ou a falta de tais infra-estruturas, também são relevantes. Na Nigéria, a Política Nacional de Educação (República Federal da Nigéria, 2004) reconhece o papel proeminente das TIC na sociedade e integrou-as no ensino. Para o efeito, o governo esforça-se por fornecer infra-estruturas básicas e formação de professores ao nível do ensino primário, enquanto a educação informática é oferecida como um núcleo vocacional e uma opção vocacional nas escolas secundárias, respetivamente. Embora estejam a ser feitos esforços para garantir a disponibilidade e a utilização das TIC nas escolas secundárias, o nível de adoção continua a ser baixo e a maioria das escolas não oferece programas de formação em TIC (Adomi e Kpangban, 2010).

A política das TIC e a sua influência normativa na utilização pelos professores

Para que a integração das TIC nos sistemas educativos nacionais possa ser eficaz, é necessário adotar medidas políticas. As políticas não só colocam as TIC no contexto, como também motivam os professores a utilizá-las corretamente e, de um modo mais geral, a promover a mudança. Este facto é ilustrado por um estudo de 174 salas de aula inovadoras apoiadas pelas TIC em 28 países (UNESCO-ISU, 2009). Em 127 casos, existe uma ligação explícita entre a inovação e as políticas nacionais que incentivam a utilização das TIC. Mas embora a introdução de uma política de TIC seja necessária para a mudança, não é suficiente para impulsionar a sua implementação ou impacto. As políticas podem, evidentemente, falhar e isso acontece quando (i) são vistas como meros gestos simbólicos; (ii) os professores resistem ativamente a mudanças de políticas que vêem como impostas externamente sem o seu contributo ou participação; (iii) não têm ligações explícitas à prática pedagógica (por exemplo, centram-se no hardware e não na sua relação com a pedagogia); (iv) não dão aos professores a oportunidade de aprenderem sobre as políticas e as suas implicações pedagógicas; e (v) não há alinhamento de programas e recursos com as intenções das políticas (Cohen e Cohen, 1984).

Vários países estão a formular uma política de TIC na educação que, idealmente, tem em conta uma série de variáveis, incluindo objectivos, disponibilidade de equipamento de TIC, materiais de aprendizagem e capacidade dos professores (UNESCO, 2011). Em África, a InfoDev constatou que, em 2007, parecia haver uma mudança de projectos-piloto de experimentação das TIC para uma integração mais sistemática das TIC em linha com as políticas governamentais nacionais (Farrell e Isaacs, 2007). No entanto, oito anos depois, a maioria dos países da África Subsariana ainda se encontra na fase experimental, particularmente no ensino primário (UNESCO-ISU, 2015).

É importante examinar em que medida a política compreende a importância da utilização das TIC pelos professores e planeia a sua utilização. A existência de uma política, de um plano ou de um quadro regulamentar nacional e/ou específico do sector da educação para a estratégia de aplicação das TIC tem uma influência direta na motivação dos professores, mas também no ambiente geral em que as TIC são utilizadas. A política pode motivar os professores a utilizar as TIC na sala de aula, por exemplo, oferecendo incentivos salariais, oportunidades adicionais de desenvolvimento profissional e reconhecimento pelos pares. Atualmente, o inquérito UIS inclui questões relacionadas com as TIC nas políticas, planos e quadros regulamentares da educação, mas não especificamente em relação à componente dos professores. Seria também importante considerar no futuro indicadores que reflictam melhor o papel dos professores e as questões que lhes dizem respeito.

Por exemplo, os governos apoiam ou dão incentivos para que os professores comprem equipamento TIC, incluindo para utilização fora da sala de aula. Na Europa, os incentivos mais comuns para recompensar os professores que utilizam as TIC no ensino e na aprendizagem são equipamentos TIC adicionais para utilização na sala de aula e horas de formação adicionais para apoiar a pedagogia (Comissão Europeia, 2013). Este apoio pode mesmo ser alargado, como no caso da Jordânia, onde o Ministério da Educação reconheceu oficialmente todos os programas de formação em TIC na educação como parte do sistema de classificação dos professores, que pode determinar as tabelas salariais (UNESCO-ISU, 2013). O apoio ou os incentivos podem também assumir a forma de financiamento governamental específico, um desconto fiscal sobre o equipamento TIC, ou mesmo investimento em investigação ou patrocínio no desenvolvimento de dispositivos TIC de baixo custo (UNESCO-ISU, 2009), e são compromissos políticos importantes para que os professores utilizem as TIC. Indicadores adicionais que meçam a existência destas políticas e/ou que meçam quais os professores que são afectados por estas políticas e quantos deles o são, são também uma possível área a explorar.

Utilização pelos professores e infra-estruturas TIC

O equipamento TIC está a evoluir rapidamente do ponto de vista tecnológico, tornando difícil para os administradores escolares fazer escolhas informadas e sustentáveis sobre os dispositivos a utilizar. Além disso, esta paisagem digital em rápida mudança coloca desafios adicionais na preparação dos professores para integrar as TIC no seu ensino (Twining e Henry, 2014). *O quadro de competências da UNESCO para* os professores defende que os professores devem estar familiarizados com as operações básicas de hardware e software, e ser flexíveis na utilização de uma variedade de ferramentas e aplicações específicas de cada disciplina (UNESCO, 2011). Se os professores não estiverem expostos a esta variedade de equipamentos e dispositivos TIC, a sua confiança na utilização dos mesmos pode ficar comprometida. Ao desenvolver novos indicadores, pode ser importante ir além daqueles que medem a utilização das TIC na educação em geral, optando por indicadores que medem a utilização de diferentes tipos de ferramentas TIC. Os países têm diferentes combinações de ferramentas TIC nas escolas. No entanto, dadas as diferenças de infra-estruturas entre as zonas urbanas e rurais em muitos países em desenvolvimento, é relevante medir os tipos de TIC utilizados, uma vez que as necessidades dos países com uma grande população estudantil urbana são diferentes das dos países em que mais estudantes residem em zonas rurais.

No entanto, em muitos países, as infra-estruturas são insuficientes, o que afecta a sua utilização. De acordo com os dados do inquérito UIS na região árabe (ou seja, Egipto,

Jordânia, Omã, Palestina e Qatar), apesar da formação de professores existente, muitos simplesmente não utilizam computadores durante o ensino devido à falta de experiência, bem como ao facto de muitos computadores se terem tornado obsoletos (UNESCO-UIS, 2013). Na Europa, é também interessante notar que a manutenção do equipamento de tecnologia educativa é uma tarefa interna da escola, frequentemente efectuada pelos professores e não por uma organização externa (Comissão Europeia, 2013). Por conseguinte, os professores são idealmente obrigados a tomar decisões informadas sobre o hardware e o software a utilizar e a garantir que têm acesso a dispositivos em bom estado de funcionamento.

Dado o impacto das infra-estruturas na motivação dos professores para a utilização das TIC, podemos também querer medir os obstáculos que os professores encontram quando as TIC não são utilizadas na sala de aula e na educação em geral. O inquérito TIC Educação 2013 sobre a utilização das TIC nas escolas brasileiras (inquérito F1) centra-se nos seguintes aspectos:

> a proporção de professores de acordo com a sua perceção de potenciais
obstáculos, e

> a proporção de professores de acordo com a sua perceção do possível impacto das TIC, incluindo :

- acesso a uma gama mais alargada de materiais de melhor qualidade,

- a utilização de novas técnicas de ensino,

- (Comité Gestor da Internet no Brasil, 2013: Inquérito F3, página 429).

2.10 Tecnologia móvel no ensino e na aprendizagem

As tecnologias móveis de informação e comunicação são ferramentas importantes na nova estrutura social. Estamos a viver a primeira geração de tecnologias da informação e da comunicação (TIC) verdadeiramente portáteis, com o advento relativamente recente de pequenos dispositivos móveis portáteis que permitem às pessoas fazer chamadas telefónicas, aceder à Internet, armazenar e gerir dados em produtos como o : *i-Mate, O2, Palm, HP* e *Bluetooth* (todas marcas registadas) que combinam telefonia móvel, chips de memória amovível, agendas, correio eletrónico, web, processamento básico de texto e folhas de cálculo, bem como introdução, armazenamento e transferência de dados.

As possibilidades de comunicação e transferência de dados criadas pelas tecnologias móveis (m-tecnologias) podem reduzir consideravelmente a dependência de locais fixos para trabalhar e estudar e, por conseguinte, têm o potencial de revolucionar a forma como trabalhamos e aprendemos. No entanto, uma sociedade móvel e conectada cria novos desafios para a formação. Os indivíduos esperam uma formação que seja "atempada, suficiente e adequada para mim" (Rosenberg, 2001) e que possa ser ministrada e apoiada fora da sala de aula tradicional (Peters & Lloyd, 2003).

A fim de apoiar uma resposta estratégica às oportunidades e exigências dos aprendentes móveis, o sector da educação e da formação precisa de ser informado sobre a utilização efectiva dos dispositivos móveis no trabalho e na aprendizagem no local de trabalho, bem como sobre as potenciais tendências futuras da aprendizagem móvel.

A disponibilidade de dispositivos móveis e sem fios torna possível comunicar de forma diferente. As comunicações móveis já não estão reservadas às empresas que podem dar-se ao luxo de investir fortemente em hardware ou software especializados. Os particulares têm agora acesso fácil e barato à telefonia móvel e o custo do acesso móvel à Internet está a baixar constantemente. As tecnologias móveis permitiram a emergência de um novo modo de comunicação, caracterizado por jovens, para os quais as comunicações móveis fazem parte da interação diária normal, que estão "sempre ligados" e conectados a grupos de amigos geograficamente dispersos em comunidades "tribais" de interesse.

A imprensa popular e profissional também noticiou que os trabalhadores móveis e profissionais estão a impulsionar a convergência entre os assistentes pessoais digitais (PDA) e a telefonia, bem como os telefones "inteligentes" (que fornecem serviços telefónicos e de Internet) através da sua procura de uma maior integração de informações em linha, gestão de dados e comunicações de voz, visuais e de texto. A mesma fonte mostra que as indústrias com necessidades especializadas (como os leitores móveis de códigos de barras nos supermercados e as confirmações electrónicas de entrega pelo correio) são outro importante motor do desenvolvimento de produtos móveis.

Os três factores acima descritos - consumidores (em especial os jovens), profissionais móveis e indústrias especializadas - criaram uma forte procura, que se reflecte na velocidade crescente do desenvolvimento de novas tecnologias de comunicações móveis e de gestão de dados. A tendência para a convergência de aplicações, a omnipresença dos telemóveis e a procura constante de dispositivos mais pequenos e mais potentes indicam que as tecnologias móveis são, de facto, uma corrente dominante. Será que a sua utilização na aprendizagem está a seguir a mesma tendência?

O advento das tecnologias móveis criou oportunidades de aprendizagem através de dispositivos como PDAs, telemóveis, computadores portáteis e tablet PCs (que são computadores portáteis concebidos para uma interface manuscrita em vez de uma interface de teclado). Coletivamente, este tipo de ensino é conhecido como m-Learning. Embora o m-Learning possa ser visto como um subconjunto do e-Learning (que é a entrega de conteúdos e a gestão da aprendizagem através da Web), o potencial emergente das tecnologias móveis tende a indicar que o m-Learning, embora se situe principalmente no âmbito do e-Learning, também tem ligações directas com o modelo de aprendizagem flexível "just enough, just in time, just for me" (ver Figura 2), sendo, por conseguinte, apenas uma de várias opções que podem ser adaptadas para satisfazer as necessidades individuais de aprendizagem.

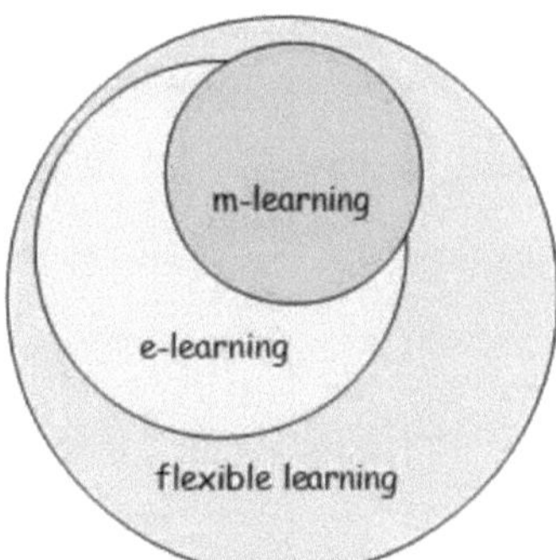

Figura 2: *O modelo de aprendizagem flexível "just enough, just in time, just for me".*

A aprendizagem eletrónica e a relação professor-aluno

A era digital criou uma nova relação entre professores e alunos. Uma investigação efectuada pela London School of Economics mostrou que as crianças são normalmente os especialistas da família em Internet e descreveu este facto como uma "inversão duradoura do fosso entre gerações" (Smithers, 2003). Isto reflecte os desafios enfrentados pelos prestadores de ensino e formação, imersos em estilos de transmissão tradicionais, quando confrontados com estudantes com literacia digital. Em vez de se limitarem a receber e a memorizar a sabedoria dos mais velhos, como tem sido a tradição desde há milénios, os estudantes exigem agora uma formação que responda às suas necessidades específicas de informação. Dale Spender, uma investigadora feminista de renome, escritora e consultora cujo trabalho inclui a exploração dos efeitos sociais das novas tecnologias, observou que existe um fosso entre as técnicas de ensino tradicionais e as atitudes dos jovens de hoje. A observação de Spender *(comunicação pessoal,* 30 de setembro de 2005) reforça o fosso entre o ensino tradicional e as atitudes dos jovens de hoje:

Os miúdos de oito anos acham que há algo de errado com os seus professores. Os professores não sabem que as cabeças não são fiáveis? É para isso que serve a chave de segurança. Mesmo que guardes coisas na tua cabeça, nunca mais as consegues encontrar.

O m-learning também cria oportunidades de aprendizagem que diferem significativamente das oferecidas pelo e-learning (num computador de secretária) ou pelo ensino à distância em papel. Bridgland e Blanchard (2005) descreveram as principais considerações aquando da conceção da oferta de aprendizagem móvel da seguinte forma:

- A necessidade urgente de aprender

- A necessidade de adquirir conhecimentos

- A mobilidade do ambiente de aprendizagem

- A interatividade do processo de aprendizagem

- A natureza contextual das actividades de ensino

- Integração de conteúdos educativos

Os jovens não vêem a localização geográfica e o tempo como barreiras (Fannon, 2004). A investigação de Fannon mostrou que, embora alguns alunos mais velhos utilizassem os seus telemóveis para organizar reuniões presenciais para trabalhar em tarefas ou discutir questões de aprendizagem, os alunos mais jovens sentiam-se mais confortáveis com a ideia de utilizar telemóveis para aprender e quase metade (45%) do grupo de investigação estava preparado para utilizar telemóveis com acesso à Internet como única ferramenta de aprendizagem. No entanto, os professores, muitos dos quais são "migrantes" recentes para o mundo digital (Prensky, 2001), não estão em posição de responder facilmente aos desafios da criação de uma educação fornecida por telemóveis.

Dale Spender (comunicação pessoal, 2005) manifesta preocupação quanto à capacidade dos professores para compreenderem e responderem às oportunidades de aprendizagem digital, citando o envelhecimento dos professores e a sua falta de conforto com as TIC digitais, a ênfase em "ensinar e memorizar" por oposição a "aprender e encontrar informação", e a confiança na "aprendizagem pelo livro". Esta abordagem é fundamentalmente diferente da dos "nativos digitais", um termo utilizado por Prensky (2001) para se referir àqueles que nasceram na era digital e para quem as TIC são uma segunda natureza, para quem "não saber é um incentivo para descobrir" e que acreditam que "se tivermos de usar o livro de texto, o produto não é bom".

O ensino tem, desde há muito, uma cultura de individualismo e secretismo e muitos professores vêem-se confrontados com a necessidade de trabalhar em colaboração com técnicos, criadores de sítios Web, designers instrucionais e programadores para ministrarem um ensino baseado na Web com êxito. No entanto, muitos professores estão interessados e são capazes de fornecer conteúdos de aprendizagem móvel, gestão da aprendizagem e apoio.

2.11 Internet e tratamento da informação

Internet significa rede internacional. Trata-se de uma tecnologia eletrónica de comunicação entre computadores. É um dispositivo que permite aos computadores comunicarem entre si por voz, imagem, texto ou meios audiovisuais. De acordo com Philips (2003), a Internet foi inicialmente desenvolvida para ajudar os cientistas informáticos a aceder a supercomputadores remotos e a compreender cálculos complexos. A Internet foi criada e construída para permitir que os físicos resolvessem problemas de hardware de computação intensiva. Foi a tecnologia dos supercomputadores e dos mainframes que deu origem à Internet. Esta tecnologia foi depois utilizada pelos soldados americanos para enviar sinais ou comunicar uns com os outros durante as guerras.

Características funcionais da Internet

A informação é essencial a todos os níveis da atividade e da existência humana. É necessária para tomar qualquer decisão, seja ela simples ou complexa. Tendo em conta o que precede, a Internet oferece as seguintes vantagens

f. Enviar e receber correio eletrónico.

g. Descarregar ficheiros de sítios Web.

h. Troca de ficheiros através do Protocolo de Transferência de Ficheiros (FTP)

i. Participar em debates profissionais sobre uma variedade de assuntos.

j. Oferece serviços de biblioteca a nível mundial para estudantes e investigadores.

k. Reduz a pressão sobre o sistema telefónico, eliminando os atrasos telefónicos.

Philips (2003) salientou que a informação na Internet reforça a partilha de capacidades e pode, portanto, ser considerada como :

a. Um meio de comunicação eficaz.

b. Um mecanismo de apoio à investigação e de recuperação de informação.

c. Uma entidade local e internacional.

d. Um grupo de redes organizadas numa hierarquia.

2.12 As TIC e a cibercriminalidade

O sítio Web oficial da Comissão de Crimes Económicos e Financeiros (EFCC), www.efccnigeria.org, cita o antigo chefe da EFCC, Nuhu Ribadu, como tendo afirmado que a economia da Nigéria perdeu centenas de milhões de dólares em investimento estrangeiro devido à perda de credibilidade causada pelo cibercrime. O mesmo sítio Web refere ainda que, em março de 2006, uma empresa de investigação privada holandesa concluiu que as fraudes nigerianas "419" tinham defraudado empresas e indivíduos nos EUA em mais de 720 milhões de dólares só em 2005. As perdas totais sofridas por países de todo o mundo devido a estas fraudes ascendem a 3,5 mil milhões de dólares.

Durante uma discussão sobre a luta contra o cibercrime na Nigéria com a EFCC, o representante da Microsoft Corporation para a Europa, Ásia e África revelou que a Microsoft Corporation tinha identificado dois ISP na Nigéria que estavam a enviar grandes quantidades de spam. No âmbito da aplicação da lei relativa à fraude em matéria de adiantamentos de honorários de 2006, que prevê 15 anos de prisão para os autores de fraudes e 20 anos de prisão para os "419", a EFCC conseguiu desmantelar vários autores de fraudes. Entre os casos práticos, refira-se a repressão, em 27/07/2006, dos "yahoo boys" que frequentam cibercafés para enviar mensagens electrónicas fraudulentas a estrangeiros e nigerianos desprevenidos; a detenção de um nigeriano nos Estados Unidos por uma fraude financeira que lhe roubou 242 milhões de dólares ; e a detenção de dois jovens que abandonaram o ensino secundário, que se revelaram desempregados mas que tinham 18,7 milhões de nairas nas suas contas bancárias, e que confirmaram ter obtido o dinheiro através da Internet.

Para além de manchar a imagem da nação, as deficiências das TIC reduziram a capacidade de muitos estudantes nigerianos utilizarem o seu cérebro de forma independente nos seus estudos e noutras actividades de aprendizagem. As fragilidades das TIC suscitaram muitas preocupações negativas no sector da educação; por exemplo, há informações de que alguns estudantes descarregaram documentos de perguntas e resultados falsos dos sítios Web de organismos de exame como o NECO, o WAEC, etc. Recentemente, um estudante do departamento de contabilidade do Instituto Federal de Tecnologia de Bauchi foi apanhado a apresentar resultados falsos descarregados do sítio Web de um organismo de exame.

Apesar destas implicações negativas, os benefícios das TIC ultrapassam de longe os seus pontos fracos. ᵗʰVoice of America (VOA), in its broadcast of 20 September , 2007, reported that the person recently ranked the richest in the world, Carlos S. Hilux do México, como era na altura, ficou rico graças à empresa ICT-GSM; e o segundo homem mais rico do mundo, o americano Bill Gates (proprietário da Microsoft Corporation), atingiu esse nível graças à empresa de software (Felix, 2007). A Nigerian

Communications Commission (NCC) revelou também que a indústria das TIC, em particular o subsector (GSM), é atualmente o empregador com crescimento mais rápido na Nigéria. No final de 2005, mais de 5.000 nigerianos estavam empregados a tempo inteiro, enquanto mais de 400.000 pessoas estavam indiretamente envolvidas no sector GSM.

Cada vez mais bibliotecas nigerianas têm vindo a explorar a inovação das bibliotecas virtuais - um sistema que integra instituições de ensino através da Internet. As Faculdades de Educação, os Politécnicos e as Universidades da Nigéria têm atualmente acesso à maioria das bibliotecas universitárias da América, Inglaterra e outras partes do mundo. A utilização de serviços relacionados com a Internet tem mantido vivas as relações entre amigos, familiares e entes queridos dentro e fora do país.

Do ponto de vista da segurança, a Comissão Independente para as Práticas de Corrupção (ICPC) tem conseguido utilizar a cibertransformação para processar uma série de altos funcionários corruptos que desviam fundos públicos para proveito pessoal e os burlões "419" que têm andado à espreita. No verão de 2005, após uma burla que envolvia a falsificação da assinatura do antigo Presidente nigeriano Olusegun Obasanjo, as autoridades nigerianas fizeram uma rusga a um mercado no bairro de Oluwole, em Lagos. A polícia apreendeu milhares de passaportes nigerianos e não nigerianos, 10.000 cartões de embarque em branco da British Airways, certificados universitários falsos, 500 chapas de impressão e 500 computadores. A burla era perpetrada em cibercafés obscuros situados em muitos pontos de Lagos, o que permitiu a sua deteção e detenção (www.efccnigeria.org).

2.13 Revisão de estudos empíricos relacionados

Akume (2006) efectuou um estudo sobre a melhoria das competências de gestão dos empresários diplomados do ensino superior. O estudo foi concebido para determinar o aspeto de gestão das competências empresariais necessárias aos diplomados do CNE. A população era constituída por 51 empresários com um Certificado Nacional de Educação (CNE). Foi utilizado um questionário para recolher os dados. No total, foram identificadas 25 competências de gestão, bem como quatro formas de os empresários adquirirem essas competências. Com base nos resultados, foram formuladas recomendações para melhorar o ensino do empreendedorismo.

Jegede (2009) efectuou um estudo intitulado "Assessment of Nigerian Teacher Educators' ICT Training". O estudo examinou a natureza e o impacto da formação em TIC recebida pelos formadores de professores em instituições de formação de professores no sudoeste da Nigéria.

Quatrocentos e sessenta e nove formadores de professores participaram no estudo, respondendo a três instrumentos de investigação. Os instrumentos solicitavam informações sobre a formação em TIC, as competências e o nível de utilização dos formadores de professores. Os dados foram analisados utilizando estatísticas descritivas, análise de variância unidirecional e qui-quadrado. Os resultados mostraram que mais de metade dos formadores tinham sido expostos a alguma forma de formação em TIC. No entanto, pouca da formação incluía a utilização das TIC no ensino. A maioria dos formandos recebeu a sua formação diretamente da instituição. Os educadores preferem especialmente a inclusão de competências de software no programa de formação de professores em TIC. Verificou-se também que a oferta de formação não teve um efeito variável nas competências básicas em TIC.

Amuche e Lyekekpolor (2014) procuraram avaliar as competências em matéria de TIC dos professores dos institutos federais na zona geopolítica do Centro-Norte da Nigéria. Foi utilizada a investigação por inquérito. A população do estudo era constituída por todos os professores das FUC na zona geopolítica do Centro-Norte da Nigéria. Oito (8) das vinte e duas (22) FUCs foram utilizadas para o estudo. Os participantes-alvo eram todos os professores das 8 FUCs amostradas. Os investigadores adoptaram uma técnica de amostragem intencional para permitir uma administração intencional do instrumento de investigação e para obter uma boa mistura de professores de várias disciplinas. O instrumento de investigação foi aplicado a um total de quatrocentos (400) professores (50 professores por escola). Apenas trezentos e oitenta e oito (388) questionários foram preenchidos e devolvidos, o que corresponde a uma taxa de retorno de 97,0%. Destes professores, cento e dois (102) eram mulheres e duzentos e noventa e oito (298) eram homens. Em termos de distribuição por disciplinas, a amostra incluía professores de ciências sociais (113), línguas (101), formação profissional e técnica (23), ciências (56) e artes (107). O Questionário de Competência em TIC para Professores (ICTQ) foi utilizado para recolher os dados. O estudo revelou que o nível de competência dos professores das FUC é baixo e que a maioria deles não consegue utilizar as TIC para ensinar as suas disciplinas. A maioria dos professores tem computadores pessoais/laptops, mas tem pouca ou nenhuma competência na utilização das TIC. É evidente que a principal competência adquirida pelos professores é o processamento de texto, o que pode ser atribuído à dactilografia de exames, questões de testes, registos de alunos, etc. pelos professores. Mais uma vez, o acesso à Internet pelos professores era principalmente privado, indicando a inadequação do equipamento nas escolas. A maioria dos professores sentiu que as suas competências em TIC eram fracas. Isto indica que os professores das FUC não estão suficientemente equipados para integrar as TIC no sistema escolar. Finalmente, concluiu-se que as principais barreiras à utilização das TIC pelos professores das FUC estavam relacionadas com o financiamento da formação em TIC, a disponibilidade de instalações e a carga de trabalho dos professores. Recomenda-se que o governo federal aumente o financiamento da formação em TIC e da reciclagem dos professores das FUC. Além disso, a formação em TIC para os professores deve ser obrigatória e contínua, de acordo com a dinâmica das TIC. Os professores devem repensar a formação em TIC e dedicar tempo para melhorar as suas competências, independentemente da sua carga de trabalho. Finalmente, o governo deve assegurar a formação obrigatória em TIC nos programas de formação de professores nas escolas de formação de professores.

2.14 Resumo da revisão da literatura

A tecnologia mudou o nosso mundo e continua a mudar a forma como fazemos as coisas, trazendo consigo não só benefícios consideráveis, mas também desafios difíceis. As tecnologias da informação e da comunicação (TIC) são um aspeto importante da tecnologia atual, cuja aceitação e utilização para o desenvolvimento continua a aumentar em todo o mundo. O desenvolvimento é parcialmente determinado pela capacidade de estabelecer uma interação sinérgica entre a inovação tecnológica e os valores humanos. A interação entre as TIC e o professor é um fator importante de desenvolvimento, nomeadamente no sector da educação. A rapidez com que as TIC evoluíram desde meados do século XX, bem como a convergência e a omnipresença das TIC, conferem-lhes um papel importante no desenvolvimento e na globalização.

Conscientes da importância dos programas de ensino das TIC, os governos de todo o mundo adoptaram uma série de medidas para facilitar a aquisição do ensino das TIC, melhorando os programas de educação e formação. O professor, que é o principal facilitador do processo de ensino e aprendizagem, ocupa uma posição central. A formação dos professores para a utilização das TIC é o melhor ponto de partida para a política de TIC de um país, uma vez que eles são a chave da aprendizagem. Numa altura em que todos os sistemas educativos do mundo estão a ser pressionados a utilizar as tecnologias da informação e da comunicação para ensinar os alunos, os conhecimentos e as competências necessárias para o fazer devem partir do professor. Espera-se que um bom professor saiba o que ensinar e como o ensinar de forma convincente.

O Ministério Federal da Educação da Nigéria (2010) definiu as TIC como englobando todos os equipamentos e ferramentas (incluindo as tecnologias tradicionais de rádio, vídeo e televisão, bem como as tecnologias mais recentes de computadores, hardware, firmware, etc.), bem como os métodos, práticas, processos, procedimentos, conceitos e princípios envolvidos na condução de actividades de informação e comunicação. A importância da tecnologia na vida das pessoas é inimaginável e prevê-se que o domínio da tecnologia se torne em breve um requisito funcional para a vida profissional, social e mesmo pessoal das pessoas. Por razões sociais e económicas, os estudantes necessitarão de competências em tecnologias da informação e da comunicação para viverem com sucesso numa sociedade baseada no conhecimento.

A literatura tem demonstrado que o conhecimento da utilização das TIC melhora as capacidades humanas em todos os domínios da atividade humana, incluindo as transacções comerciais, as operações industriais, os programas educativos e a vida em geral. No domínio da educação, tem salientado as oportunidades oferecidas pelas TIC para melhorar a qualidade do ensino e da aprendizagem: encorajar os professores a refletir sobre o modo como ensinam e aprendem; aplicar a teoria e a investigação sobre a aprendizagem e os princípios de uma boa instrução à conceção de ambientes de aprendizagem em linha; tornar o ensino e a aprendizagem mais visíveis e públicos; encorajar a colaboração e o trabalho de equipa entre professores (e alunos); proporcionar um maior acesso à aprendizagem a um maior número de pessoas.

A literatura analisou o que se sabe sobre as TIC como um importante facilitador que melhora as capacidades humanas em todos os domínios da atividade humana, incluindo as transacções comerciais, as operações industriais, os programas educativos e a vida em geral. No domínio da educação, foi salientado o potencial das TIC para melhorar a qualidade do ensino e da aprendizagem: incentivar os professores a refletir sobre a forma como ensinam e aprendem; aplicar a teoria e a investigação sobre a aprendizagem e os princípios de uma boa instrução à conceção de ambientes de aprendizagem em linha; tornar o ensino e a aprendizagem mais visíveis e públicos; incentivar a colaboração e o trabalho de equipa entre professores (e alunos); e proporcionar um maior acesso à aprendizagem a um maior número de pessoas.

A educação também tem sido vista como o primeiro e melhor domínio-chave para as aplicações das TIC. As TIC são frequentemente vistas como um catalisador da mudança, alterando os estilos de ensino, as abordagens de aprendizagem e o acesso à informação (Watson, 2005). As TIC podem ajudar a proporcionar oportunidades educativas alternativas (Casal, 2007). A utilização de diferentes tecnologias da informação e da comunicação tornou-se inevitável para os estudantes como parte do seu processo de aprendizagem. Ao utilizar as modernas tecnologias da informação e da comunicação, os alunos podem encontrar a informação de que necessitam num curto espaço de tempo. Podem aceder e divulgar informação eletrónica, como livros e revistas electrónicos, e melhorar a sua aprendizagem utilizando uma variedade de TIC modernas sob a forma de redes sem fios, Internet, motores de busca, bases de dados, sítios Web e tecnologias Web 2.0. Os professores são um elo essencial da cadeia educativa e, para que a educação responda efetivamente às necessidades do século XXI, devem desempenhar um papel central na exploração da tecnologia e, em particular, na utilização das tecnologias da informação e da comunicação (TIC), tanto novas como antigas, no ensino e na aprendizagem. Que tipo de competências terão os professores de adquirir para serem eficazes num ambiente de aprendizagem baseado nas TIC? Este estudo abordará esta questão destacando as experiências dos professores que utilizam as TIC na Nigéria e fornecendo outros exemplos de aplicações de ensino e aprendizagem das TIC noutros países em desenvolvimento e desenvolvidos. No entanto, até que ponto estão os professores nigerianos preparados para ministrar um ensino do século XXI? O desafio que a Nigéria enfrenta atualmente não é apenas a falta de professores com competências em TIC, mas também a necessidade de passar da aprendizagem da utilização das TIC para a utilização das TIC para aprender.

A literatura também examinou os pontos de vista de vários organismos sobre o papel das TIC no ensino e na aprendizagem, a utilização das TIC no ensino superior, o género e as competências em matéria de TIC, o ensino à distância baseado nas TIC, etc. Estes organismos incluem o Ministério da Educação e do Emprego (DfEE). A literatura analisada não revelou nenhum estudo empírico realizado para identificar as competências em TIC exigidas no programa NCE na Nigéria. Por conseguinte, este estudo tem por objetivo colmatar esta lacuna.

CAPÍTULO TRÊS

METODOLOGIA DE INVESTIGAÇÃO

Este capítulo aborda a metodologia nos seguintes subtítulos: conceção do estudo, domínio de estudo, população, amostra e técnica de amostragem, instrumento de recolha de dados, validação do instrumento, método de recolha de dados e método de análise dos dados.

3.1   Conceção do estudo

O estudo adoptou um modelo de inquérito descritivo. De acordo com Nwoke e Olaitan (1999), um inquérito descritivo é aquele em que a amostra é representativa de toda a população em estudo, recolhendo e analisando dados de um grupo através de um questionário estruturado.

3.2   Domínio de estudo

O estudo foi efectuado na Escola Superior de Educação da FCT em Zuba. Esta região foi escolhida devido ao interesse particular do investigador no programa NCE.

3.3   População do estudo

A população era constituída por cento e oitenta e um (181) professores e estudantes de três departamentos diferentes. Estes incluíam trinta (30) professores e cento e cinquenta e um (151) estudantes de nível 200 dos departamentos de Informática, Matemática e Educação Profissional/Técnica da Escola Superior de Educação da FCT em Zuba.

Quadro 2: População do estudo

População	Categoria	Número de pessoas	Nota

	Categoria	Número de pessoas	Nota
	Altifalantes	30	
	Estudantes de Comp. Sc. Edu.	56	
	Estudantes de Matemática Edu. Dept.	45	
	Estudantes do ensino profissional e técnico Departamento.	50	

3.4 Amostra e técnica de amostragem

A amostra era constituída por cento e vinte (120) alunos seleccionados aleatoriamente de três departamentos (40 por departamento), enquanto trinta (30) professores foram entrevistados para o estudo. Os professores foram escolhidos entre os três departamentos seleccionados para o estudo.

Quadro 3: Amostra do estudo

	Categoria	Número de pessoas	Nota
Amostra	Altifalantes	30	
	Estudantes de Comp. Sc. Edu.	40	
	Estudantes de Matemática Edu. Dept.	40	
	Estudantes do ensino profissional e técnico Departamento.	40	

3.5 Instrumento de recolha de dados

O instrumento de recolha de dados foi um questionário fechado, utilizando a escala de Likert de 4 pontos, com valores atribuídos às variáveis: altamente necessário (HR = 4);

necessário (R) = 3; pouco necessário (SR) = 2; e não necessário (N) = 1. Os valores atribuídos às variáveis foram os seguintes: altamente necessário (HR) = 4; necessário (R) = 3; bastante necessário (SR) = 2; e não necessário (N) = 1. Este método facilita a recolha de opiniões que se situam entre os dois extremos de exigência e não exigência.

3.6 Validação do instrumento

O instrumento foi submetido a uma validação presencial por três peritos, dois do Departamento de Informática e um do Departamento de Educação Profissional e Técnica da Escola Superior de Educação da FCT, em Zuba. De acordo com Uzoagulu (1998), a validação presencial é efectuada para garantir a pertinência dos itens do questionário. Cada validador recebeu uma cópia do questionário e foi-lhe pedido que identificasse ambiguidades e fizesse sugestões para melhorar o instrumento de modo a atingir os objectivos do estudo. As sugestões dos peritos foram tidas em conta na versão final do questionário.

3.7 Método de recolha de dados

O investigador aplicou pessoalmente o questionário estruturado e recolheu-o após o seu preenchimento.

3.8 Método de análise de dados

O investigador utilizou pontuações médias para analisar os dados obtidos a partir das questões de investigação, utilizando a escala de avaliação de Likert. Foram atribuídos valores a cada resposta obtida para cada item do questionário. Entretanto, a hipótese nula foi testada utilizando o teste t ao nível de significância de 0,05.

Regra de decisão

Qualquer resposta com uma pontuação média igual ou superior a 2,5 é aceite, quer seja negativa ou positiva, enquanto qualquer resposta inferior a 2,5 é rejeitada. Para a hipótese de investigação, o t calculado é comparado com o valor da tabela em cada caso. Se o t calculado for inferior ao t da tabela, a hipótese de não haver diferença significativa é mantida ao nível de probabilidade de 0,05; mas se o t calculado for superior ao t da tabela, a hipótese de não haver diferença significativa é rejeitada ao nível de significância de 0,05 com o grau de liberdade adequado.

CAPÍTULO QUATRO

APRESENTAÇÃO, ANÁLISE E DISCUSSÃO DOS DADOS

Este capítulo trata da apresentação, análise e discussão dos dados. Dos cento e cinquenta (150) exemplares do questionário estruturado distribuídos, cento e vinte (120) foram totalmente preenchidos e devolvidos.

Quadro 4: Administração do questionário

Número de questionários distribuídos	Número de questionários completamente preenchidos devolvidos	Percentagem (%) de questionários totalmente preenchidos devolvidos
150	120	80%

4.1   Apresentação e análise de dados

As análises das questões de investigação e das hipóteses, que foram respondidas utilizando a avaliação da média e o teste t, respetivamente, são apresentadas a seguir. **Questão de investigação 1**: De que nível de competências em TIC necessitam os professores do CMI?

Tabela 5: Média das respostas sobre o nível de competências em TIC exigido aos professores do CMI.

S/N	Variáveis	RH	R	SR	N	X	Nota
1.	Os professores precisam de saber como utilizar um projetor para apresentações.	60	30	20	10	3.16	Necessário
2.	Os professores devem possuir várias certificações profissionais de TI, tais como CCNA, CISCO, C++, etc.	40	60	10	10	3.08	Necessário

3.	Os professores devem ser capazes de comunicar com os seus alunos através de uma variedade de canais multimédia, ou seja, texto, áudio, vídeo, etc.	50	50	20	0	3.25	Necessário
4.	Os professores têm de ser capazes de utilizar aparelhos como telemóveis, tablets e iPads.	70	10	20	20	3.08	Necessário

Os dados da Tabela 5 mostram as avaliações médias do nível de competência em TIC exigido aos professores do CMI. As respostas obtidas dos inquiridos indicam que eles concordam com os três (4) itens elaborados para responder à primeira pergunta de investigação. Concordam que os professores devem saber utilizar um projetor para fazer apresentações (média = 3,16). Os inquiridos também concordaram que os professores devem ter várias certificações profissionais em informática, tais como CCNA, CISCO, C++, etc. (média = 3,08); e que os professores devem ser capazes de comunicar com os seus alunos através de vários canais multimédia (média = 3,25).

Tendo em conta o que precede, o estudo revelou que o atual nível de competência dos professores em matéria de TIC deve ser melhorado e mantido, a fim de melhorar o ensino e a aprendizagem.

Questão de investigação 2: De que competências informáticas necessitam os estudantes do ensino superior?

Tabela 6: Média das respostas sobre as competências informáticas exigidas pelos estudantes do ensino superior.

S/N	Variáveis	RH	R	SR	N	X	Nota

S/N	Variáveis	RH	R	SR	N	X	Nota
5.	Os alunos devem ser capazes de efetuar cálculos utilizando o Excel.	70	10	20	20	3.08	Necessário
6.	Os alunos precisam de saber como calcular números utilizando o Matlab.	20	10	20	70	1.83	Não é necessário
7.	Os estudantes devem ter conhecimentos práticos de software matemático/estatístico, como SPSS, mathtype, mathematica, etc.	0	20	30	70	1.58	Não é necessário
8.	Os alunos devem ter um conhecimento profundo da utilização de uma calculadora científica.	60	30	20	10	3.16	Necessário

Os dados do Quadro 6 são constituídos pelas avaliações médias das competências TI das CNE.

Os inquiridos concordaram com dois dos quatro itens desenvolvidos para o estudo. Os inquiridos concordaram com dois dos quatro itens desenvolvidos para o estudo. Por outras palavras, concordaram que os alunos devem ser capazes de efetuar cálculos utilizando o Ms excel (média = 3,08) e que devem ter conhecimentos aprofundados sobre como utilizar uma calculadora científica (média = 3,16). No entanto, os inquiridos discordaram dos outros dois pontos. Afirmaram que se os alunos conseguirem efetuar cálculos básicos com o Excel, isso é suficiente, e que não precisam necessariamente de saber Matlab, SPSS, Mathematica, etc. As pontuações médias para estes itens são 1,83 e 1,58, respetivamente, como se pode ver na tabela.

Questão de investigação 3: Quais são as competências básicas de gestão dos dados exigidos pelos professores do CMI?

Quadro 7: Média das respostas sobre as competências de gestão de bases de dados exigidas pelo FT professores.

S/N	Variáveis	RH	R	SR	N	X	Nota
9.	Os professores devem ser capazes de criar consultas e gerar relatórios utilizando o Ms access.	40	50	10	20	2.91	Necessário

10.	Os professores devem ser capazes de ordenar e filtrar os dados de forma eficaz.	80	40	0	0	3.66	Necessário
11.	Os professores precisam de boas competências/capacidades para gerir registos electrónicos.	60	20	20	20	3.00	Necessário
12.	Os professores precisam de saber como processar dados e informações.	40	70	10	0	3.25	Necessário

O quadro 7 mostra as pontuações médias das competências de gestão de bases de dados

exigidos pelos professores do CMI. A tabela mostra que, dos quatro elementos seleccionados para o estudo, nenhum foi considerado "não necessário". Os inquiridos concordaram que os professores devem ser capazes de criar consultas e gerar relatórios utilizando o Ms access (média = 2,91), ordenar e filtrar dados eficazmente (média = 3,66), gerir registos electrónicos (média = 3,00) e processar dados e informações (média = 3,25).

Questão de investigação 4: Que software de processamento de texto utiliza?

que os professores precisam de saber?

Tabela 8: Média das respostas sobre o software de processamento de texto que os professores precisam de conhecer.

S/N	Variáveis	RH	R	SR	N	X	Nota
13.	Os professores precisam de saber como utilizar eficazmente a palavra Ms.	20	80	10	10	2.91	Necessário
14.	Os professores devem ser capazes de lidar eficazmente com o Excel.	40	70	10	0	3.25	Necessário

15.	Os professores devem ter conhecimentos práticos de Ms Powerpoint.	70	10	20	20	3.08	Necessário
16.	Os professores precisam de ter um conhecimento prático do bloco de notas.	40	60	10	10	3.08	necessário

Os dados da Tabela 8 mostram as avaliações médias do software de processamento de texto que os professores precisam de conhecer. As respostas obtidas dos inquiridos indicam que todos eles concordam com os quatro (4) pontos seleccionados para o estudo. Os inquiridos concordaram que os professores precisam de saber utilizar o Ms word de forma eficaz (média = 2,91). Os inquiridos também concordaram que a capacidade de lidar eficazmente com o Excel é vital (média = 3,25); que os professores precisam de ter um conhecimento prático do PowerPoint (média = 3,08); e que os professores precisam de ter um conhecimento prático do Word Pad (média = 3,08). De acordo com o acima exposto, o estudo revelou, portanto, que para os professores poderem armazenar dados e/ou informações de forma eficaz, precisam de ser altamente proficientes em software de processamento de texto.

Questão de investigação 5: De que nível de competências de navegação na Internet necessitam os estudantes e os professores das escolas de gestão nacionais?

Quadro 9: Média das respostas sobre o nível necessário de competências de navegação na Internet para as CNE estudantes e professores.

S/N	Variáveis	RH	R	SR	N	X	Nota

17.	Os alunos e os professores devem ser capazes de procurar informações utilizando vários motores de busca na Internet, como o google, o yahoo, o mamma, etc.	90	20	0	10	3.58	Necessário
18.	Os alunos e os professores devem ser capazes de navegar eficazmente nas páginas Web.	70	30	10	10	3.33	Necessário
19.	Os professores e os alunos devem poder carregar documentos, imagens, ficheiros e pastas na Web.	80	5	15	20	3.20	Necessário
20.	Os professores e os alunos devem poder criar e gerir as suas próprias contas de correio eletrónico.	20	80	10	10	2.91	Necessário

Os dados do quadro 9 mostram a avaliação média do nível necessário de utilização da Internet.

as competências de surf dos alunos e professores da ENC. As respostas médias obtidas dos inquiridos indicam que estes concordam com todos os elementos desenvolvidos para o estudo. Por conseguinte, pode dizer-se que os estudantes e os professores necessitam de um elevado nível de competência na navegação na Internet, se quiserem ter êxito nas carreiras que escolheram.

Teste de hipóteses

A hipótese de investigação afirma que não existe uma diferença significativa entre as opiniões dos estudantes do ensino superior e as dos seus professores sobre as competências em TIC exigidas no programa de formação de professores em instituições de ensino superior.

Quadro 10: Teste T da diferença entre as opiniões dos estudantes do ensino superior e dos seus professores sobre as competências em TIC exigidas no programa de formação de professores em instituições de ensino superior [ver Anexo I].

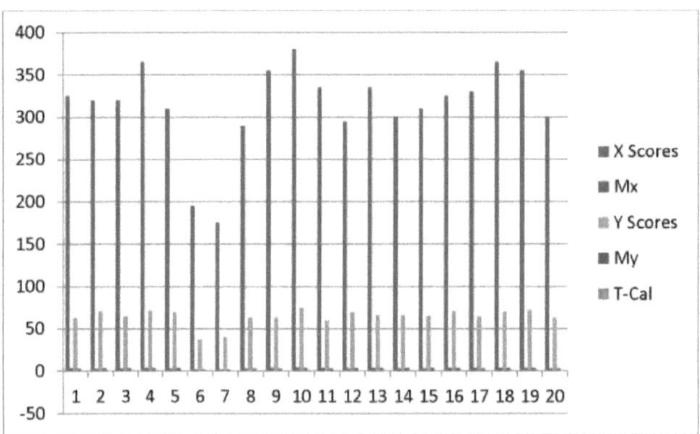

Figura 3: Representação gráfica do teste t da diferença entre as opiniões dos estudantes do ensino superior e dos seus professores sobre as competências em TIC exigidas no programa de formação de professores.

Pode ver-se no Quadro 10 e na Figura 3 que a hipótese nula de não haver diferença significativa entre as opiniões dos estudantes do ensino superior e dos seus professores sobre as competências em TIC necessárias nos programas de formação de professores em instituições de ensino superior é aceite.

4.2 Discussão

Os dados da Tabela 5 mostram as avaliações médias do nível de competência em TIC exigido aos professores do CMI. As respostas obtidas dos inquiridos indicam que eles concordam com os quatro (4) itens elaborados para responder à primeira pergunta de investigação. Concordam que os professores devem saber utilizar um projetor para fazer apresentações (média = 3,16). Os inquiridos também concordaram que os professores devem ter várias certificações profissionais em informática, tais como CCNA, CISCO, C++, etc. (média = 3,08); e que os professores devem ser capazes de comunicar com os seus alunos através de vários canais multimédia (média = 3,25).

Tendo em conta o que precede, o estudo revelou que o atual nível de competência dos professores em matéria de TIC deve ser melhorado e mantido, a fim de melhorar o ensino e a aprendizagem.

No entanto, os dados apresentados na Tabela 6 mostram que apenas dois dos elementos desenvolvidos para o estudo foram considerados necessários pelos inquiridos. Concordaram que os estudantes devem ser capazes de efetuar cálculos utilizando o Excel (média = 3,08) e que devem ter um conhecimento profundo de como utilizar uma calculadora científica (média = 3,16), mas discordaram dos outros dois pontos. Argumentaram que, se os alunos conseguirem efetuar cálculos básicos com o Excel, isso é suficiente e que não precisam necessariamente de saber Matlab, SPSS, Mathematica, etc.

O quadro 7 mostra as classificações médias das competências de gestão de bases de dados exigidas pelos professores do CMI. Mostra que, dos quatro elementos seleccionados para o estudo, nenhum foi classificado como "não necessário". Os inquiridos concordaram que os professores devem ser capazes de criar consultas e gerar relatórios utilizando o Ms access (média = 2,91), ordenar e filtrar dados de forma eficaz (média = 3,66) e ter boas competências de gestão de registos electrónicos (média = 3,00).

Os dados da Tabela 8 mostram as avaliações médias do software de processamento de texto que os professores precisam de conhecer. As respostas obtidas dos inquiridos indicam que eles concordam com os quatro (4) pontos seleccionados para o estudo. Os inquiridos concordam que os professores precisam de saber como utilizar o Ms word de forma eficaz (média = 2,91). Os inquiridos também concordaram que a capacidade de lidar eficazmente com o Excel é vital (média = 3,25); que os professores precisam de ter um conhecimento prático do PowerPoint (média = 3,08); e que os professores precisam de ter um conhecimento prático do Word Pad (média = 3,08). De acordo com o acima exposto, o estudo revelou, portanto, que para os professores poderem armazenar dados e/ou informações de forma eficaz, precisam de ser altamente proficientes em software de processamento de texto.

Os dados da Tabela 9 mostram a média das respostas sobre o nível de competência necessário para navegar na Internet dos estudantes e professores das escolas de formação de professores. As respostas médias obtidas dos inquiridos indicam que eles concordam com todos os elementos desenvolvidos para o estudo. Por conseguinte, pode dizer-se que os estudantes e os professores necessitam de um elevado nível de competência na navegação na Internet para terem êxito nas carreiras que escolheram.

Aparentemente, a Tabela 10 mostra que não existe uma diferença significativa entre as opiniões dos dois grupos de inquiridos (professores e estudantes) sobre as competências em TIC necessárias no programa de formação de professores nas instituições de ensino superior. Tanto os professores como os estudantes afirmam que todos os elementos identificados são necessários para melhorar e tornar mais eficaz o processo de ensino e aprendizagem nas instituições de ensino superior. Este facto é indicado pelas elevadas pontuações médias atribuídas aos diferentes elementos, como se pode ver nos quadros acima. Estes resultados devem-se ao facto de as competências em TIC serem essenciais para os programas de formação de professores, tanto nas instituições de ensino superior como nas universidades.

CAPÍTULO CINCO

RESUMO, CONCLUSÕES E RECOMENDAÇÕES

Este capítulo apresenta um resumo dos resultados, as conclusões retiradas dos principais resultados da investigação e as recomendações feitas para resolver os problemas identificados.

5.1 Síntese do trabalho no seu conjunto

A informação da literatura mostra que a maioria dos professores e estudantes do ensino superior não possuem as competências básicas em TIC de que necessitam enquanto formadores de professores ou professores estagiários. Estas aptidões e competências, tal como identificadas na literatura, incluem: aptidões tecnológicas, aptidões de comunicação, aptidões de tecnologia móvel, aptidões de navegação na Web, aptidões de gestão de bases de dados, etc.

A literacia em TIC entre estudantes e professores nas instituições terciárias nigerianas é vista como um pré-requisito para a adoção e integração das TIC nos programas de formação de professores. Observou-se que, nas instituições terciárias nigerianas, a utilização das TIC, especialmente entre os professores, é ainda muito reduzida, uma vez que a maioria dos estudantes tem mais literacia tecnológica do que os seus professores. Isto afecta as competências em TIC dos diplomados do ensino superior e a eficácia global da sala de aula no mundo em constante mudança da tecnologia digital. Foram formuladas cinco questões de investigação e uma hipótese nula para orientar o estudo. O estudo adoptou um modelo de inquérito descritivo e foi utilizado um questionário para a recolha de dados. A população-alvo era constituída por 151 alunos e 30 professores de três departamentos diferentes da FCT College of Education, Zuba, perfazendo uma população total de 181 pessoas. Além disso, foram seleccionadas aleatoriamente para o estudo 150 amostras representativas, incluindo alunos e professores. As questões de investigação e a hipótese nula postulada foram analisadas utilizando a média e o teste t de Student, respetivamente.

As análises efectuadas no Capítulo 4 permitiram ao investigador estabelecer que as competências em TIC são essenciais para um programa de formação de professores robusto, normalizado e eficaz nas instituições de ensino superior. A proficiência em software de processamento de texto foi identificada pelos inquiridos como a competência mais vital exigida por professores e estudantes em programas de formação de professores.

Consequentemente, o resultado da hipótese nula revela que não existe uma diferença significativa entre as opiniões dos dois grupos de inquiridos, ou seja, alunos e professores, sobre todos os itens do questionário elaborado para o estudo.

5.2   Conclusão

Este estudo destaca as competências em TIC necessárias nos programas de formação de professores em instituições de ensino superior. Os resultados mostram que as competências nas seguintes áreas são essenciais para melhorar o programa de formação de professores: tecnologias da informação, computação, gestão de bases de dados, software de processamento de texto, navegação na Web, entre outras. Os estudantes e os professores precisam não só de uma infraestrutura TIC disponível, mas também das competências pessoais para a utilizar. A literatura revela claramente que, se a questão das competências em matéria de TIC não for abordada, pode constituir, ela própria, um obstáculo à aprendizagem dos alunos.

5.3 Recomendações para a implementação

Com base nos resultados deste estudo, o investigador recomenda o seguinte:

- Devem ser criados fundos especiais para reorganizar os centros de apoio ao e-learning nas nossas instituições de ensino superior, para uso de estudantes e professores.

- Os professores e os alunos devem esforçar-se por adquirir várias certificações profissionais de TI, tais como CCNA, CISCO, C++, etc.

- Os professores das escolas superiores de educação devem receber formação mais direccionada para as TIC.

- É necessário dar mais ênfase à prática informática para melhorar as competências dos alunos em matéria de TIC.

- O governo deveria prever a formação obrigatória em TIC como parte dos programas de formação de professores nas escolas de formação de professores.

5.4 Recomendações para estudos futuros

Depois de ter estudado algumas partes deste tema, o investigador gostaria de sugerir um estudo mais aprofundado:

- Impacto da melhoria das competências em TIC dos estudantes universitários.

- Competências em tecnologias da informação necessárias para uma interação eficaz na sala de aula em escolas secundárias públicas.

- Percepções dos professores sobre o impacto da educação informática na profissão docente.

Referências

Adomi, E. E. e Kpangban, E. (2010). *Aplicações das TIC nas escolas secundárias nigerianas*. Disponível em: http://www.thefreelibrary.com. Acedido em 22-11-10.

Ajoku, L. I. (2000). *The Production and Use of Instructional Materials by Students and Teachers in the Classroom (A produção e utilização de materiais didácticos por alunos e professores na sala de aula)*. In: V. A. Asuru (ed). Prática de Ensino: Um Guia Prático. Pp. 18-26. Port Harcourt: Mission Publishers.

Akume, B. C. (2006). *Towards Enhancing the Managerial Competencies of NCE Graduate Entrepreneurs (Para o reforço das competências de gestão dos empresários diplomados do NCE)*. Business Education Journal, 5(2), 82.

Amuche, C. I., & Iyekekpolor, A. O. (2014). *Assessment of ICT competence among teachers in federal unit colleges in the north-central geopolitical zone of Nigeria (Avaliação da competência em TIC entre professores de faculdades federais na zona geopolítica centro-norte da Nigéria)*. American International Journal of Research in Humanities, Arts and Social Sciences, 5(2), 147-152.

Ary, D., Jacob, L. C., e Razaviah, A. (2002). *Introduction to educational research*, edição 6 . Forth Worth, Harcourt-Brace.

Atan, H., Azli, N., Rahman, Z. e Idrus, R. (2002). *Computers in Distance Education*: Gender differences in self-perceived computer competencies. *Journal of Educational Media 27*(3), 123-135.

Bebetsos, E. e Antoniou, P. (2008). *University Students' Differences on Attitudes Towards Computer Use:* Comparação com as atitudes dos estudantes em relação à atividade física. *Multimédia Educativo Interativo, 17,* 20-28. Obtido em 15 de agosto de 2012, de http://greav.ub.edu/iem/index.php ?

Bridgland, A. e Blanchard, P. (2005). *Powerful, portable and personal computing: Is m-learning an opportunity for e-learning?* Universidade de Melbourne. Acedido em 17 de março de 2007 no seguinte endereço: http://eprints.infodiv.unimelb.edu.au/archive/00000889/ 01/bridgland.blanchard.pdf

Casal, R. C. (2007). *TIC para a educação e o desenvolvimento. Info, 9*(4), 3-9.

Cheetham, G. e Chivers, G. (2001). *How Professionals Learn in Practice:* An investigation of informal learning among people working in professions. *Journal of European Industrial Training, 25*(5), 248-292.

Cohen, W. A., e Cohen N. (1984). *Top Executive Performance*. 11 Keys to Success and Power; Nova Iorque, John Wiley and Sons.

Commonwealth Department of Education, Science and Training (2002). *Striving for Quality:* Learning, Teaching and Studying (*Em busca da qualidade:* aprender, ensinar e estudar). Canberra.

Commonwealth of Australia (2002). *Employability Skills for the Future (Competências de empregabilidade para o futuro).* Melbourne; Departamento de Educação, Ciência e Formação.

Coplin, B. (2003). *10 Things Employers Want You to Learn in College (10 coisas que os empregadores querem que aprendas na faculdade).* As competências de que necessita para ter sucesso. CA; Ten Speed Press.

Covey, S. R. (1989). *Os 7 Hábitos das Pessoas Altamente Eficazes.* Restaurar a ética do carácter. NY, Rockefeller Centre.

Daniel, J. e Menon, M. (2007). *ODL and ICTs for Teacher Development.* Vancouver, B.C.: Commonwealth of Learning. Recuperado de http://www.cedol.org/wp-content/uploads/2012/02/75-78-2007.pdf.

Danner, R. B. e Pessu, C. O. (2013). *A Survey of ICT Competencies among Students in Teacher Preparation Programmes at the University of Benin, Benin City, Nigeria (Um inquérito sobre as competências em TIC entre os estudantes dos programas de preparação de professores na Universidade de Benim, Cidade de Benim, Nigéria).* Revista de Educação em Tecnologia da Informação, 12(13), 33-39.

Davis, N. (1995). *International Encyclopedia of Education, 3ª edição,* por Penelope Peterson, Eva Baker e Barry McGaw. Elsevier.

Ministério da Educação e do Emprego (DfEE) (2000). *Comunicado de imprensa 34/00(31/01/00). Acabar com a fratura digital - testamentos* . http://www.dfes.gov.uk/pns/DisplayPN.cgi?pn_id=2000_0034

Derbyshire, H. (2003). *Questões de género na utilização de computadores na educação em África.* Obtido em   15 de agosto de 2012 de http://www.enawa. org/icons/Tekstbestanden/Gender%20Report%20the%20

Espinoza, J. (1999). *The Hourly Rate of Learning Skills Students Learn While Working in College.* Dissertação de doutoramento não publicada, Universidade Tecnológica da Virgínia, Blacksburg.

Fannon, K. (2004). Connectedness: *Learner Perspectives on Learning Futures.* Rede Australiana de Ensino Flexível: Boletim informativo Flex e-News. Obtido em 27 de setembro de 2005 em: http://www.flexiblelearning.net.au/newsandevents/

Flexenews/ 41/Kate_Res.pdf

Farrell, G. e Isaacs S. (2007). *Survey of ICT and Education in Africa: A Summary Report, Based on 53 Country Surveys.* Washington, DC: infoDev/Banco Mundial.

Ministério Federal da Educação. (2010). *Política Nacional sobre Tecnologias de Informação e Comunicação (TIC) na Educação.* Abuja: Ministério Federal da Educação.

República Federal da Nigéria (FRN) (2006). *Governo em Ação.* Disponível em: http://www.nigeriafirst.org. Acedido em 20-11-10.

República Federal da Nigéria (FRN) (2004). *Política Nacional de Educação* (4ª ed.) Lagos: Nigéria. Conselho de Investigação e Desenvolvimento da Educação.

Felix, M. (2007). *Voice of America (VOA) News Report* on the Recently Ranked Richest Person on the Earth, 12 de fevereiro de 2007.

Gronlund, A. et al. (2010). *Utilização efectiva de tecnologias de apoio para a educação inclusiva nos países em desenvolvimento:* questões e desafios de dois estudos de caso. In *International Journal of Education and Development using Information and Communication Technology (IJEDICT),* 2010, Vol. 6, 5-26.

Gutterman, B., S. Rahman, J. Supelano, L. Thies e M. Yang (2009). *Information and communication technologies (ICTs) in education for development.* Livro Branco. Livro Branco. Nova Iorque: UNDESA-GAID. Retirado de http://unpan1.un.org/intradoc/groups/public/documents/gaid/unpan034975.pdf

Hennesy, S., B. Habler, M. Bennet, C. Stead, C. Kaluba, Z. Ndhlova, J. Ngandu, G. Mwewa, E. Zulu e E. Chizambe (2015). **OER4schools**. Recuperado de http://www.educ.cam.ac.uk/centres/archive/cce/initiatives/projects/oer4school.

Hornby, A. S. (1992). *Oxford Advanced Learners' Dictionary and Current English.* Oxford: Oxford University Press.

ICT Works (2011). *12 Desafios enfrentados pela educação informática nas escolas do Quénia.*
Disponível em http://www.ictworks.org/2011/09/12/12-challenges-facing- computer-education-kenyan-schools/.

Ikemba, S. O. (2009). *Investigação das estratégias necessárias para a gestão de cibercafés segundo a perceção dos operadores de cibercafés na metrópole de Bauchi.* Um projeto HND não publicado, Federal Polytechnic Bauchi.

Infodev. (2015). *Os professores, o ensino e as TIC.* Retrieved from: www.infodev.org/ articles/teachers-teaching-and-icts.

Jegede, P.O. (2009). *Avaliação da formação em TIC dos formadores de professores nigerianos*. Issues in Information Science and Information Technology. 6: pp. 415-420.

Jegede, P. O. (2006). *A Study of Predicting Factors of Teacher Educators Towards ICT in South Western, Nigeria (Estudo dos factores de previsão dos formadores de professores em relação às TIC no Sudoeste da Nigéria)*. Dissertação de doutoramento não publicada apresentada na Universidade Obafemi Awolowo, Ile-Ife, Nigéria.

Jung, I. S. (2005). *Integração das TIC e da pedagogia na formação de professores:* Application Cases Worldwide Education. *Educational Technology and Society.* 8(2); 94-101.

Kadel, R. (2005). *How Teacher Attitudes Affect Technology (Como as atitudes dos professores afectam a tecnologia)*. Learning and Leading with Technology, *39* (5), 34-47.

Kirschner, P. e Woperies, I. G. (2003). *Pedagogic Benchmarks for Information and Communication Technology in Teacher Education*. Tecnologia, Pedagogia e Educação, *12*(1), 127-149.

Kumar, P., e Kumar A. (2003). *Effect of a Web-based Project on Preservice and In-service Teachers' Attitudes Toward Computers and Technology Skills*. Journal of Computing in Teacher Education, *19*(3), 87-92.

Lee, D. (1997). *Factores que influenciam o sucesso na aprendizagem de competências informáticas.*
Among In-service Teachers. British Journal of Educational Technology, *28*, 139-141.

Marija, B., e Palmira, P. (2007). *Competência dos futuros professores na aplicação das TIC:* Exposição e condições prévias para o desenvolvimento. *Informática na Educação - Um Jornal Internacional, 6*(2), 397-410.

MathemaTICE (2009). *O programa GENIE em Marrocos:* ICTE e desenvolvimento *profissional.* Retirado de: http://revue.sesamath.net/spip.php7article233

Maxine, D. (1997). *Os modelos de competências são um desperdício?* Training and Development Journal, 51(10), 46-49.

Meelissen, M. R. (2005). *LES TIC : Mais para o Mickey do que para a Minnie ?* The Role of Primary Education in Making Information and Communication Technology More Attractive for Girls and Boys, tese de doutoramento, Universidade de Twente, Enschede, Países Baixos.

Mgbeahurike, M. N. (2000). *Necessidades de Melhoria de Competências dos*

Professores de Ciências Agrárias no Estado de Imo. Tese de mestrado não
publicada, U.N.N.

Nash, J. (2009). **Competências informáticas dos estudantes do primeiro ano de uma
universidade sul-africana.**
*Actas da Conferência Anual de 2009 da Associação de Professores de Informática da
África Austral*, Cabo Oriental, África do Sul (SACLA '09), Mpekweni Beach Resort,
África do Sul, 29 de junho - 1 de julho de 2009.

Instituto Nacional de Professores (NTI, 2004). **Tecnologias da informação e da
comunicação.**
PGDE/DLS sobre Educação, Ciclo 1 Módulo 1-3. Kaduna; Publicação NTI.

Nwoke, G. I. e Olaitan, S. O. (1999). **Métodos práticos de investigação em educação.**
Onitsha, Summa Educational Publishers.

Okorie, J. U. (2000). **Developing Nigeria's Workforce.** Calabar, Macnky Environs
Publishers.

Okorie, J. U. e Ezeji, S. (1988). **Elements of Guidance, Vocational and Career
Education (Elementos de Orientação, Educação Profissional e de Carreira)**.
Onitsha, Summa Educational Publishers.

Olaitan, S. O. (1996). **Vocational and Technical Education in Nigeria, Issues and
Analysis (Ensino Técnico e Profissional na Nigéria, Questões e Análise)**. Onitsha,
Noble Graphic Press.

Olakulehin, F. K. (2007). **Tecnologias de Informação e Comunicação na Formação
de Professores e Desenvolvimento Profissional na Nigéria**. *Turkish Online Journal
of Distance Education, <S*(1), 133-142.

Oliver, R. (1994). **Tecnologia da informação na formação de professores**:
A necessidade de integração. *Journal of Information Technology for Teacher
Education, 3*(3), 135-146.

Oliver, R. (1993). **A Comparison of Students' Information Technology Skills in
1985 and 1991**. *British Journal of Educational Technology, 24*(1), 52-62.

Ololube, N. P. (2007). **A relação entre financiamento, TIC, seleção
Processo, administração, planeamento e nível do professor de ciências
Educação na Nigéria.** *Fórum Ásia-Pacífico sobre Aprendizagem e Ensino das
Ciências, <S*(1), 1-29.

Osuala, E. C. (1998). [rd]**Fundamentos do ensino profissional (3 ed)**. Nsukka, Fulladu
Publication Company.

Ozoemelem, O. A. (2010). **Afinidade com a Web**: um estudo de estudantes de

licenciatura em
Universidades nigerianas. *Filosofia e prática da biblioteca* [revista eletrónica]. Obtido em 15 de abril de 2012, de http://www.webpages.uidaho.edu/~ mbolin/obuh2.htm

Peters, K. e Lloyd, C. (2003). **Differentiating needs**: Customer demand for Aprendizagem em linha. *National Centre for Vocational Education Research (NCVER), sítio Web da Australian National Training Authority.* Acedido em 17 de março de 2007 no seguinte endereço:
http://www.ncver.edu.au/research/proj/nr2f02.pdf

Philips, E. (2003). *[th]**The Guardian Newspaper, terça-feira, 15 de julho**.* Lagos, Guardian Press.

Prensky, M. (2001, outubro). **Nativos digitais, imigrantes digitais**. *No horizonte. NCB University Press, 9*(5), outubro de 2001. Acedido em 17 de março de 2007 em:
http://www.marcprensky.com/writing/Prensky%20%20Digital%20
Natives,%20Digital%20Immigrants%20-%20Part1.pdf

Radloff, A. (2001). *Ficar em linha:* **Desafios para o pessoal académico e os estudantes.**
Líderes institucionais. Disponível: hhtp://www.asclite.org.au/conferences/
melbourne01/pdf/papers/radloffa.pdf.

Rajagopal, I. e Bojin, N. (2003). **A Gendered World: Students and Instructional Technologies**. *First Monday 8(1),* acedido em 15 de abril de 2012 em:
http://firstmonday.org/htbin/cgiwrap

Rampersad, R. K. (2001). **Gestão da qualidade total**. NY ; Springer-Verleg Heidelberg.

Ribadu, N. (2006). *www.efccnigeria.org.* [th]Acedido em 13 de junho de 2007.

Robbins, V. (1998). **The Development of Information Technology Skills in Trainee Teachers for Further Education Sector**. *Investigação em Educação Pós-Compulsória, 3*(2), 240-251.

Robinson, J. P. (2000). **O Local de Trabalho**. [th]5(3), 1-3; acedido em 9 de fevereiro de 2009 em www.aces.edu/crd/workforce/publications/employability-skills.pdf.

Rosenberg, M. J. (2001). **E-learning**: *Strategies for Delivering Knowledge in the Digital Age.* Nova Iorque: MacGraw-Hill.

Schaumburg, H. (2001). **Fostering Girls' Computer Skills Through Laptop Aprendizagem** - *Podem os computadores móveis ajudar a nivelar as condições de género?* Acedido em 12 de agosto de 2012 em: http://www.notesys.com/Copies/necc01.pdf

Smithers, R. (2003). *As crianças são especialistas em Internet*. The Guardian online. Acedido em 16 de março de 2007 em: http://education.guardian.co.uk/elearning/story/html.

Sproull, B. (2001). *Process Problem Solving*. A Guide for Maintenance and Operations Teams. Portland, Productivity Press Inc.

TengkuFaekah, T. A. (2005). *Gender Differences in Computer Attitudes and Skills (Diferenças de Género nas Atitudes e Competências Informáticas)*. *Journal Pendidikan, 30*, 75-91.

Twining, P. e Henry, F. (2014). *Melhorar o ensino das TIC nas escolas inglesas:* lições vitais. *Revista Mundial de Educação,* Vol.4, No.2, 2014.

Twining, J. et al (2013). *Moving Education into the Digital Age:* The Contribution of Teachers' Professional Development (A *transição* da *educação para a era digital:* o contributo do desenvolvimento profissional dos professores). *Jornal de Aprendizagem Assistida por Computador*. DOI:10.1111/jcal.12031

UNESCO (2013). *Orientações para a formulação de planos de trabalho do Programa Regular 37C/5*. BSP/RBM/2013/2REV.5. Paris: UNESCO.

UNESCO (2011a). *Transformar a Educação: O Poder das Políticas de TIC*. Paris : PARIS : UNESCO.

UNESCO (2011b). *Quadro de Competências em TIC da UNESCO para Professores*. Paris: PARIS: UNESCO.

UNESCO-US (2009). *Guia para a medição das tecnologias da informação e da comunicação (TIC) na educação*. Documento técnico n.º 2. Montreal: UIS. Obtido em http://www.uis.unesco.org/Library/Pages/DocumentMorePage. aspx?docIdValue=460&docIdFld=ID.

Uzoagulu, A. E. (1998). *Guia prático para a redação de um relatório de projeto de investigação*. Enugu, John Jacob's Classic Publisher Ltd.

Watson, M. D. (2005). *Pedagogia antes da tecnologia:* Repensar a relação entre as TIC e o ensino. *Educação e Tecnologias da Informação, 6*(4), 252-266.

White, G. (2003). *E-learning: Key Australian Initiatives:* An Opportunity for all Learners). Acedido em 15 de abril de 2012 em: http://www.educationau.edu.au/ papers/elearning_polaand03.pdf

Yusuf, M. O. (2005). *Information and Communication Education:* Analyzing the Nigerian National Policy for Information Technology. *Revista Internacional de Educação*. 6(3):316-321.

Anexo I

Teste T da diferença entre as opiniões dos estudantes do ensino superior e dos seus professores sobre as competências em TIC exigidas no currículo de formação de professores em instituições de ensino superior.

S/N	Os alunos		Professores		T-Cal	Decisão
	X	Mx	Y	O meu		
1	325	3.25	63	3.15	0.10	Aceite
2	320	3.20	71	3.55	-0.35	Aceite
3	320	3.20	65	3.25	-0.05	Aceite
4	365	3.65	72	3.60	0.05	Aceite
5	310	3.10	70	3.50	-0.40	Aceite
6	195	1.95	37	1.85	0.10	Aceite
7	175	1.75	40	2.00	-0.25	Aceite
8	290	2.90	63	3.15	-0.25	Aceite
9	355	3.55	63	3.15	0.40	Aceite
10	380	3.80	75	3.75	0.05	Aceite
11	335	3.35	60	2.90	0.45	Aceite
12	295	2.95	70	3.50	-0.55	Aceite
13	335	3.35	66	3.30	0.05	Aceite
14	300	3.00	66	3.30	-0.30	Aceite
15	310	3.10	65	3.25	-0.15	Aceite
16	325	3.25	71	3.55	-0.30	Aceite
17	330	3.30	64	3.20	0.10	Aceite
18	365	3.65	70	3.50	0.15	Aceite
19	355	3.55	72	3.60	-0.05	Aceite
20	300	3.00	63	3.15	-0.15	Aceite

Tabela t-value = 1,98; Df. (grau de liberdade) = 118; Nx = 100; Ny = 20

ANEXO II

Programa de Tecnologia Educativa Escola Superior de Educação
Centro de Estudos da Universidade Nacional Aberta da Nigéria em Abuja.

th15 de março de 2016.

Caro patrocinador,

<u>Pedido de preenchimento do questionário</u>

Sou estudante de mestrado (M.Ed.) na instituição acima referida e estou a realizar uma investigação sobre **"Competências em TIC e o currículo de formação de professores em instituições de ensino superior"**. Agradecia que preenchesse o questionário em anexo para efeitos da investigação.

A sua confidencialidade será estritamente preservada e todas as informações que fornecer serão utilizadas apenas para fins académicos.

Obrigado pela vossa cooperação precoce.

Com os melhores cumprimentos

Samuel Ikemba

Estudante

Leia atentamente as seguintes afirmações e assinale ( ) as casas adequadas ou especifique o contrário.

SECÇÃO "A

<u>Dados pessoais</u>

1. Sexo: Masculino   ( )   Mulher   ( )

2. Idade: 16 - 20 anos   ( ) 21+   ( )

3. Departamento: Comp. Sc. ( ) Matemática ( ) Voc / Tech. Edu ( )

                        Docente
4. Estatuto : Estudante   ( ) sénior   ( )

SECÇÃO "B
Questão de investigação 1: O que são competências |Nível de |para professores do

Voc. Edu ( )

S/N	Variáveis	RH	R	SR	N	Nota
1.	Os professores precisam de saber como utilizar um projetor para apresentações.					
2.	Os professores devem possuir várias certificações profissionais de TI, tais como CCNA, CISCO, C++, etc.					

| 3. | Os professores devem ser capazes de comunicar com os seus alunos através de uma variedade de canais multimédia, ou seja, texto, áudio, vídeo, etc. | | | | | |
| 4. | Os professores têm de ser capazes de utilizar aparelhos como telemóveis, tablets e iPads. | ' | | | | |

Questão de investigação 2: De que competências informáticas necessitam os estudantes do ensino superior?

S/N	Variáveis	RH	R	SR	N	Nota
5.	Os alunos devem ser capazes de efetuar cálculos utilizando o Excel.					
6.	Os alunos precisam de saber como calcular números utilizando o Matlab.					
7.	Os estudantes devem ter conhecimentos práticos de software matemático/estatístico, como SPSS, mathtype, mathematica, etc.					
8.	Os alunos devem ter um conhecimento profundo da utilização de uma calculadora científica.					

Questão de investigação 3: Quais são as competências básicas de gestão necessárias para gerir

uma empresa de dados exigidos pelos professores do CMI?

S/N	Variáveis	RH	R	SR	N	Nota
9.	Os professores devem ser capazes de criar consultas e gerar relatórios utilizando o Ms access.					
10.	Os professores devem ser capazes de ordenar e filtrar os dados de forma eficaz.					
11.	Os professores precisam de boas competências/capacidades para gerir registos electrónicos.					
12.	Os professores precisam de saber como processar dados e informações.					

Questão de investigação 4: Que software de processamento de texto é que os professores devem conhecer?

S/N	Variáveis	RH	R	SR	N	Nota
13.	Os professores precisam de saber como utilizar eficazmente a palavra Ms.					
14.	Os professores devem ser capazes de lidar eficazmente com o Excel.					
15.	Os professores devem ter conhecimentos práticos de Ms Powerpoint.					

16.						
	Os professores precisam de ter um conhecimento prático do bloco de notas.					

Questão de investigação 5: De que nível de competências de navegação na Internet necessitam os estudantes e os professores das escolas de gestão nacionais?

S/N	Variáveis	RH	R	SR	N	Nota
17.	Os alunos e os professores devem ser capazes de procurar informações utilizando vários motores de busca na Internet, como o google, o yahoo, o mamma, etc.					
18.	Os alunos e os professores devem ser capazes de navegar eficazmente nas páginas Web.					
19.	Os professores e os alunos devem poder carregar documentos, imagens, ficheiros e pastas na Web.					
20.	Os professores e os alunos devem poder criar e gerir as suas próprias contas de correio eletrónico.					

Printed by Books on Demand GmbH, Norderstedt / Germany